August Endell

Die Schönheit der großen Stadt

Regenbrecht Verlag

Bibliografische Information der Deutschen Bibliothek
Die Deutsche Bibliothek verzeichnet diese Publikation
in der Deutschen Nationalbibliografie; detaillierte
bibliografische Daten sind im Internet über
http://dnb.ddb.de abrufbar.

Herstellung: BoD – Books on Demand, Norderstedt

www.regenbrecht-verlag.de
ISBN: 978-3-943889-925

Erstauflage: von Strecker & Schröder, Stuttgart 1908

Inhalt

Die Anklage gegen das Zeitalter

Von jeher haben die Menschen das goldene Zeitalter in die Vergangenheit verlegt, haben die Greise über die Entartung der Zeit gejammert, haben die Müden und Feigen ihre Untüchtigkeit mit bitteren Klagen über die Verderbtheit der Gegenwart bemäntelt. Aber man hat das nie recht ernst genommen. Erst in unseren Tagen will es scheinen, als ob diese Klagen lauter und eindringlicher würden, ja, als ob sie einen bedenklichen Einfluss auf unser Leben ausübten. Es gilt beinahe als selbstverständlich, das Heute zu schmähen; man schilt unsere Zeit degeneriert nervös überhastet, die Schnelligkeit der Automobile wird mit schöner Naivität der Hast des Lebens gleichgesetzt. Jede Tat eines Wahnsinnigen wird von guten Leuten, die von der Vergangenheit herzlich wenig und von den Krankheiten der Seele nichts wissen, ohne weiteres mit harten Worten der Zeit zur Schuld gerechnet. Und wenn ein Minister öffentlich erklärt, es fehle unserem heutigen Leben an allen Idealen, nur materielle Interessen gälten, niederer Egoismus, Genusssucht und Geldgier seien

die einzigen Triebfedern des Handelns geworden, so steht niemand auf, der sich solchen
Unsinn verbittet, sondern »alle ernsten« Män-
ner nicken mit Trauermienen Beifall.

Nun ist solche Verurteilung in Bausch
und Bogen schon an sich töricht, und mit
einer toten, unwahren Moral kann man
alles an den Pranger stellen. Natürlich
gelten heute wie immer in erster Linie materielle Interessen. Des Menschen Aufgabe ist Erwerb, ob er nun will oder nicht. Und alle Ideale, die die Welt jemals geschaffen, sind Ideale,
die diesem Erwerbsleben entspringen. Alle
Tugenden, die wir kennen, haben nur einen
Sinn unter erwerbenden Menschen. Selbst die
scheinbar erdenfernsten: Mutterliebe, Güte,
Zartheit, Mitleid, haben, soweit sie überhaupt
Tugenden sind und nicht wundervolle Erleb-
nisse dem Ausübenden, nur Sinn innerhalb der
harten Welt der Notwendigkeit, in der wir leben. Und gerade Mitleid, Güte und Liebe sind
in unserer Welt nur ein Segen den Beschenk-
ten, wenn Ernst, Beherrschtheit und unerbitt-
liche Bestimmtheit sich ihnen beimischt. Die
Notwendigkeit herrscht, und sie zwingt zum
Egoismus. Man klage nicht mit frommem
Schauder, dass Geld leider überall den Aus-
schlag gebe. Das Geld ist nur das Symbol der

Notwendigkeit, die unser Leben umgrenzt, die unpersönlich allen menschlichen Erwägungen fremd, hart und niemals böse den Menschen zu Taten, zu einem reichen Leben drängt. Und es gäbe kein teuflischeres Geschenk, als was die Utopisten ersehnen, das sichere Auskommen für alle. Unsere ganze wunderbare Welt würde in Trümmer gehen. Alles entspringt der Notwendigkeit, dem »niederen« Triebe des Erwerbens. Auch die Kunst, die eine schwülstige salbadernde Anbetung heute so gern in den Himmel versetzt. Nur die Stahlhärte des Lebens konnte den spielerischen, müßigen Menschen zu der leidenschaftlichen Energie künstlerischen Schaffens erziehen. Alle Ideale sind erdgeboren, sie haben nur Sinn und Wert auf unserer Erde, in unserer Tätigkeit; alle Ideale aber, die über diese Welt hinaus führen wollen, bemänteln nur eine feige Furcht vor der Notwendigkeit.

Ohne Ideale ist ein Leben überhaupt nicht denkbar. Und wer sehen will, findet sie überall in dem Arbeitsleben unserer Tage. Schöpferische Erfindungskraft, zähe Ausdauer, bewunderungswürdige Konsequenz, kühne Planung und sorgfältigste Einzelarbeit gestalten ringsum eine bunte, reichbewegte Welt, wie keine Zeit sie großartiger

Unsere Arbeitskultur

und tüchtiger gekannt hat. Wir haben allen Grund, froh zu sein, eine solche Arbeitskultur vor uns sich entwickeln zu sehen.

Unsere Genusskultur

Allerdings in einem Punkte hat die Anklage recht: So stark und lebendig alles ist, was Arbeitskultur ist, es mangelt an Gestaltung, es fehlt an einer Genusskultur. Man leistet Glänzendes, wo es heißt Eisen zu walzen, Baumwolle zu spinnen oder Maschinen zu bauen. Aber wenn es gilt, aus dem Eisen Gebäude zu errichten, Gitter zu schmieden, aus dem Gespinst ein Gewebe herzustellen, mit der Maschine Gebrauchsgegenstände zu formen, da versagt die Gestaltungskraft. Man sieht sich ängstlich um nach fremden Kulturen und nach der Vergangenheit, um einen Anhaltspunkt für das eigene Formen zu gewinnen.

Die Abkehr von heute

Wir schämen uns unserer eigenen Wünsche und Bedürfnisse. Aber wunderlicherweise sind hieran gerade die schuld, die mit tönenden Worten das Zeitalter beschimpfen und die Abkehr vom Heute predigen: die Romantiker jeder Art, die die Flucht zur Natur, die Flucht zur Kunst, die Flucht zur Vergangenheit als einzigen Ausweg verkünden. Sie sind es, die den Tätigen beirrt, die sein Leben zwiespältig und unsicher gemacht haben. Sie haben ihm vorgeredet, dass sein Tun günstigsten Falles eine traurige Notwendigkeit sei, und dass er wenigstens für die Feierstunden sich »Ideale« retten müsse. So haben sie das Leben zerbrochen, den Zusammenhang von Arbeit und Genus zerrissen; die wundervolle Melodie unseres Arbeitslebens erklingt nicht, wo wir genießen, wo wir unsere Umgebung gestalten. Mit Surrogaten müssen wir uns begnügen, mit Imitationen, mit verfälschtem Altertum. Man nimmt uns die Einheit des Lebens, sucht unsere Sehnsucht, die einem durchaus gesunden Arbeitsleben entsprießt, mit hohlen Worten, mit süßlichen Phrasen und schalen Fälschungen zu betäuben und raubt uns so das

Höchste: die Wahrhaftigkeit des Empfindens, die Reinheit.

Mit zügellosen, hochmütigen Worten schilt man die Gegenwart, die Kultur überhaupt, und predigt die Rückkehr zur Natur. Als ob die Natur, die diese Oberflächlichen kennen, nicht ausschließlich von Menschenhand geformte Natur wäre. Als ob alle Kultur, alle Menschenarbeit nicht auch Natur wäre.

Man gerät in sentimentale Verzückung über den Staat der Bienen – die man im übrigen nicht von Wespen unterscheiden kann und deren Stiche man sinnlos fürchtet – aber die viel feiner und seltsamer gefügten Organisationen der Menschen erscheinen der Bewunderung unwert. Das Wort Natur wird zu einem Feldgeschrei, das jede Dummheit deckt. Man gibt vor, die Natur zu lieben, aber man gibt sich nicht die Mühe, sie wirklich zu kennen. Man sieht in ihr nur, was andere vorher gesehen haben. Man sieht sie durch die Brille der Literatur. Und man ist sittlich entrüstet, wenn Maler Schönheiten in ihr entdecken und darzustellen wagen, die blöde Augen nicht einmal nachträglich wahrzunehmen vermögen. Man liebt die Natur, weil sie einem nichts tut, weil man nichts von ihr will, nicht wie etwas, das man in mühsamen Kämpfen, in leidenschaftlichem Begehren errungen hat. So wird die Rückkehr zur Natur zu einer Flucht in eine künstliche, leere Phantasiewelt, die von Schwäche und Angst erfunden, weder Wahrheit noch Gesundheit, noch Erlösung zu geben vermag.

Man flüchtet zur Kunst! nicht zur lebendigen – sie würde sich einem Flüchtling aus dem Leben nie erschließen – sondern zu einer theatralisch aufgeputzten Kunst, zu einer überirdischen Kunst, die keinen Zusammenhang mit der Wirklichkeit hat. Man betet die Kunst an in Ehrfurcht, umgibt sie mit der gleißenden Gloriole übersinnlichen Wirkens, erhöht sie zur Religion – ohne Surrogate geht es anscheinend nirgends – und schadet ihr durch diese unsinnige Verhimmelung mehr, als die ärgste Barbarei vermöchte. Kunst ist ein Handwerk, ein Beruf wie jeder andere, sie schafft nützliche Werte durch ihre Wirkung auf das Gemüt, aber sie malt keine bessere Welt und keine papierenen Ideale. Sie hat genug zu tun, die Wunder dieser Welt immer aufs neue zu verkünden. Sie spiegelt dem Tätigen den Rhythmus, die Melodie seines Lebens. Aber die will man nicht hören. Schwüle Anbetung fordert Erhebung ins Unendliche, Schwäche und Prüderie eine süßliche Sittsamkeit, klügelnder Patriotismus ein prahlerisches Heldentum. Darum verabscheut man die neue werdende Kunst und flieht zu der alten, ehrwürdigen, die ein fremdes und darum besseres Dasein darzustellen scheint, deren Schönheit man zu stehlen versucht und zu unwürdigen Spielkomödien missbraucht.

Man flüchtet zur Vergangenheit! Nicht, dass man sie kennte und sie wahrhaft verehrte. Aus dürftigen Schulkenntnissen und fleißigem Theaterbesuch träumt man eine wunderlich verzerrte Welt zusammen, eine gezähmte, umgängliche Welt ohne Stachel, ohne Widerstände, ohne Leid, aber voll behaglich pathetischer Sensationen. Heute muss man Miete zahlen und im Bureau sitzen, aber in Athen ist man Perikles selber oder gar Phidias, und in Florenz wohnt man nicht kümmerlich im fünften Stock, sondern verkehrt intim mit den Medici. Damals war alles anders, damals galt der Tüchtige noch etwas, der Tapfere, der Vornehme. Zu jeder Zeit hätte man etwas leisten können, nur gerade heute wird die Tugend verkannt. Man weiß nicht, dass die Trümmer der Vergangenheit nur dem lebendig werden, der das Heute kennt, und dass wir keine Zeit so kennen können als unsere. Man weiß nicht, dass alles Wesentliche des Lebens im Wechsel der Zeiten unverändert blieb, dass der Kampf der Menschen, ihre Mühsal und ihr Glück, dass die Bilanzen des Lebens immer die gleichen waren, dass nur ein Tor und ein Schwächling das goldene Zeitalter vor oder hinter unserer Zeit suchen kann. Und dass nur dem das Glück entweicht, der feige den Notwendigkeiten sich entziehend, in einer Scheinwelt seine Aufgaben zu vergessen sucht.

Romantik ist die Todfeindin alles Lebendigen. Sie macht den Untauglichen hochmütig, sie verwirrt und hemmt den Tätigen, sie verfälscht Empfindung und Gefühl, züchtet Unaufrichtigkeit und Sentimentalität, verführt zu leeren Maskeraden, zu tönenden Prachtworten, die die Menge blenden, sie zerstört die Einheit des Seins, zerreißt den Zusammenhang von Sehnsucht und Leben, Ideal und Tat. Sie verdächtigt das Lebendige, sie vergiftet das Zutrauen des Menschen zu sich selbst und untergräbt das einheitliche, naive, klare, selbstsichere Handeln.

Romantik

Die Liebe zum Heute und Hier

Es gibt nur eine gesunde Grundlage für alle Kultur, das ist die leidenschaftliche Liebe zum Heute und Hier, zu unserer Zeit, zu unserem Lande.

Man redet so viel von Patriotismus. In maßlosen Worten wird Deutschlands Überlegenheit nach jeder Richtung behauptet: deutsche Denker, deutsche Dichter, deutsche Maler über alle anderen gestellt, und mit komischem Eifer jeder fremde Einfluss abgeleugnet oder wütend bekämpft. Als ob es darauf ankäme, als ob man seine Mutter liebte, weil sie die klügste und schönste Frau ist und nicht darum, weil man mit tausend und tausend unzerreißbaren Fäden an sie geknüpft ist, weil man sie genauer, feiner, intimer kennt als irgendeinen anderen Menschen. Was fängt denn der arme Patriot an, wenn ihm eines Tages klar wird, dass Shakespeare mehr ist als Goethe, dass die romanische Baukunst, die man heute die deutsche nennen möchte, aus Rom und Syrien stammt, oder dass die Franzosen Gemüt haben, auch ohne das Wort dafür zu besitzen. Wann wird die lächerliche

Anmaßung aufhören, ganze Völker ethisch ab-
zuurteilen und sich selber mit biederen Reden
an die Spitze aller Lebenden zu stellen. Wir
haben nicht viele Schriftsteller, die sich mit
dem einzigen Balzac vergleichen könnten an
Herz und Reinheit. Freilich scheinen bei uns
viele das Herz für ein Kleidungsstück zu halten, das man nicht sichtbar genug tragen kann.
Aber vielleicht lernt man auch bei uns, dass
die Kühnheit, immer von dem eigenen Gemüt
zu reden, mit Herz und Gemüt nicht gerade
identisch ist. Werden wir nun unser Land we-
niger lieben, wenn uns der Ruhm genommen
ist, einzige Inhaber echten Gemütes zu sein?
Kann in diesen Dingen überhaupt etwas er-
rechnet und gemessen werden? Wer will denn
sagen, ob Kant und Bach mehr sind als Dante
und Michelangelo? Würde unser Land nicht
auch dann uns Heimat sein, wenn es karg und
bettelarm in jeder Hinsicht wäre, wenn es keine schimmernde Vergangenheit hätte, wenn es
nie einem Genie das Leben gegeben hätte?

Wer seine Vaterlandsliebe erst rech-
nend begründen, sie durch hochmütiges
Verurteilen fremden Lebens und Wirkens stützen muss, der weiß nicht, was Heimat ist. Heimat ist eben nicht, wie man gewöhnlich annimmt, gleichbedeutend mit dem

Land, in dem man wohnt, sondern dies Land mit seinem ganzen Leben in einem bestimmten Zustand, in einer bestimmten Zeit erlebt unter ganz persönlichem Gesichtswinkel. Jeder schafft sich seine Heimat. Und was für den Einzelnen gilt, gilt auch für ein ganzes Volk: Seine Heimat, das sind die gemeinsamen Stücke der Einzelwelten; es ist das, was die Gesamtheit als Umgebung, als gemeinsamen Untergrund ihres Lebens empfindet. Es ist nicht der Boden und seine im Laufe der Zeiten gewordene Gestalt, Landschaft und Städte, so wie sie sind, sondern so wie und so weit sie empfunden, erlebt werden. Darum kann dieselbe Umgebung verschiedenen Menschen sehr verschiedene Heimatempfindung geben. Je stärker jemand Land und Zeit erlebt, um so reicher, weiter und eigener ist sein Heimatgefühl. Darum ist Heimat nichts Festes, Unwandelbares, sondern ein Werdendes, stetig sich Änderndes, und von unserem Leben und vor allem unserem Anschauen abhängig. Sie ist für jeden etwas vollkommen Einziges, mit nichts zu vergleichen und darum in ihrem Werte gegen die Heimat anderer nicht abschätzbar, so wenig wie man die Welt abschätzen kann. Und wenn Pessimisten es tun, so verfallen sie einem Irrtume, der dem naiven Menschen naheliegend und verzeihlich, einem Nachdenkenden nicht unterlaufen sollte. Dem um sein Leben Kämpfenden scheint jedes Misslingen ein hartes Versagen des Schicksals, es ist begreiflich, dass er ein stetiges Gelingen ersehnt und ganz übersieht, dass ja nur das Versagen unseren Wünschen Stärke und Wert verleiht, dass Glück und Unglück gar nicht zu trennen sind, da sie erst in Gemeinschaft dem Leben Richtung und Bewegung geben. Nur die bedrängenden Ufer formen die Wasser zum Strome, nur die Notwendigkeit zwingt den leicht ermüdenden, spielerischen Menschen zu weitausschauenden, wohlgefügten Taten. Sorge und Qual formen erst das Glück, das ohne sie niemals als solches empfunden würde. Und was im Leben des Einzelnen Sorge, Unglück bedeutet, das sind im Leben eines Volkes die Abgründe des Lasters, der schmutzigen Not. Man geht so gern mit frommem Schauder daran vorbei und beklagt die Verderbnis der Zeit. Auch diese Klage ist nur Angst vor dem Leben, Romantik. Es ist so billig, sich rein zu dünken, weil man diesen dunklen Dingen aus dem Wege geht. Auch hier liegen neue Aufgaben. Auch hier gebiert Notwendigkeit die Tat. Und heute können wir helfen, dem Leid der Vergangenheit stehen wir mit gebundenen

Händen gegenüber. Man kann an gewisse Momente früherer Zeiten gar nicht denken, weil Qual und Ohnmacht einen überwältigen. Heute ist aber auch das Schrecklichste Ansporn zum Wollen und Handeln.

Leidloses Leben, leidlose Heimat mögen Kinder sich wünschen und solche, die nicht wissen, dass Leben Bewegung, Handeln, Erfülltsein ist. Der Tätige wird nicht kleinlich den Wert der Heimat errechnen wollen nach dem, was sie ihm gibt, sondern wird sie vor allem zu erleben trachten. Nur dem, der sich in sie vertieft, ist sie bunt und lebendig. Man muss zufassen können. Heimat ist kein totes Geschenk, das man bekommt, ob man es ersehnt oder nicht. Sie erschließt sich in Wahrheit erst dem Suchenden. Nur das Erlebte ist Heimat. Schon darum ist es so töricht, aus den Leistungen der Vorfahren einen Nationalschatz begründen zu wollen. Bach, Kant, sie sind für die, die sie begreifen und empfinden, nicht für die, die in derselben Gegend geboren sind.

Heimat will errungen sein. Erst vor dem Auge des Suchenden entsteht sie. Weil man nicht suchen will, tadelt man das Heute und Hier und flüchtet in die Zerrwelt des Traumes; weil man in Unkenntnis die

Wirklichkeit zu klein, zu gering schätzt, geht man verbittert und böse an unermesslichen Schätzen vorüber. Denn die Welt ist unendlich, nicht bloß in Raum und Zeit, im großen und kleinen, sondern in den Arten und Weisen, wie wir sie betrachten können. Immer haben die Menschen geglaubt, am Ende zu sein, nichts mehr erwarten zu dürfen, und immer hat ein wenig Suchen neue und aberneue Tore geöffnet. Immer wieder finden sich ängstliche Gemüter, die in frommer Demut warnen, zu weit zu gehen im Suchen, die warnen, den Geheimnissen, dem Unbekannten nachzuspüren, weil man so sich alle Freude an der Welt zerstöre. Welch kindliche Gotteslästerung! Als ob nicht gerade das die herrlichste Gewissheit wäre, dass die Welt nie und nirgend ein Ende hat, dass wir ungestraft jeden Schleier heben dürfen; immer werden dahinter neue Wunder, neue Geheimnisse verborgen liegen. Suchen hat immer nur bereichert, hat immer neue nie geahnte Schönheit enthüllt. Freilich nicht alles ist schön, was ist. Wir müssen auslesen. Die Natur fragt nicht nach unserem Sehnen, sie hat ihre Zwecke und Wege für sich. Aber das Erstaunliche ist eben, dass trotzdem, wo wir auch suchen mögen, überall überreiche Erfüllung geboten wird.

Darum bedeutet das Erringen der Heimat so namenloses Glück, eine so unendliche Bereicherung der Seele. Wer die Augen offen hat, nicht mit Vorurteilen und kleinlichen Motiven sucht, wer sich ganz hingeben kann an das Jetzt, an das Hier, dem wird die Heimat zu einem Wunder, bunter und reicher als irgendein Traum. Dem wird sie zur ewig kräftespendenden Mutter. Denn solches Schauen und Aufnehmen ist Glück, ist Stärkung; Erlösung und Gesundung. Denn solches Schauen ist eins mit der Tat, kein betäubender Traum, der weit hinwegführt und dann den Schläfer mit jähem Sturz ins wache Leben zurückwirft, sondern ein Erleben am hellen Tag, ein Sporn zum Leben im Jetzt und Hier.

Darum ist solches Schauen der Heimat auch der einzige sichere Führer zu einer einheitlichen Kultur, zum Gestalten. Gestaltbar ist nur das Heute, und nur wer das Heute wirklich empfinden kann mit all seinen Möglichkeiten, seinen Ansätzen zur Entwicklung, seinen Bedürfnissen, nur der kann in Wahrheit gestalten. Die Kenntnis fremden und vergangenen Wollens hilft nicht weiter. Gotische Marktplätze und barocke Platzanlagen sind heute eine Maskerade. Nur wer den

Rhythmus der heutigen Stadt fühlt, kann eine Stadt bauen so, wie wir sie brauchen.

Vertiefung in die Heimat tut uns vor allem not, Erkenntnis ihres Wesens, lebendiges Fühlen ihrer Bewegtheit. Die Befreiung von allen kurzsichtigen, süßlichen Phrasen, die das Wort »Heimat« erniedrigt haben, ihm den starken Sinn geraubt haben. Die wahrhaftige Liebe zum Vaterland, die leidenschaftliche Liebe zum Heute und Hier. Der Weg dazu ist nicht leicht zu finden, denn die lauten Patrioten haben zu oft gerade das Wertvollste mit Schmutz beworfen und der Verachtung preisgegeben. Nur vorurteilsloses, eindringliches Schauen kann hier Führer sein. Nur immer neue Versuche, das Empfundene zu sagen, können helfen, die Verwirrung zu beseitigen und in diesen Dingen ein einheitliches, nationales Fühlen entstehen zu lassen.

Für einen kleinen Ausschnitt will ich es im folgenden versuchen.

Die große Stadt

Die große Stadt, die sichtbarste und vielleicht eigentümlichste Frucht unseres heutigen Lebens, die augenfälligste, geschlossenste Gestaltung unseres Wirkens und Wollens, ist natürlich schon immer der Zielpunkt maßloser Angriffe gewesen. Die große Stadt erscheint als Symbol, als stärkster Ausdruck der vom Natürlichen, Einfachen und Naiven abgewandten Kultur, in ihr häuft sich zum Abscheu aller Gutgesinnten wüste Genusssucht, nervöse Hast und widerliche Degeneration zu einem greulichen Chaos. Sie verdirbt die Menschen, die sie mit trügerischen Lockungen an sich zieht, entnervt sie, macht sie schwächlich, egoistisch und böse. Man höhnt den Städter, dass er keine Heimat habe. Man schilt die unsägliche Hässlichkeit der Städte mit ihrem wüsten Lärm, ihrem Schmutz, ihren dunklen Höfen und ihrer dicken, trüben Luft. Man könnte solche Meinungsäußerungen auf sich beruhen lassen, wie so viele andere auch, wenn der Städter nicht selbst daran glauben wollte, wenn er nicht unter Heimat die niedrige Bauernhütte mit einem schimmernden Fenster im däm-

mernden Abend sich träumen wollte, die er
so gut vom Theater kennt; wenn nicht Tausenden von Menschen durch solches Reden
unnütz das Dasein verkümmert würde. Man
kann es ja für ein erstrebenswertes Ziel halten,
dass die Städte vom Erdboden verschwinden.
Vorläufig aber existieren sie und müssen sein,
sollte nicht unsere ganze Wirtschaft in nichts
zerfallen. Hundertausende müssen in Städten
leben, und statt ihnen eine ungesunde, hoffnungslose Sehnsucht einzupflanzen, wäre es
gescheiter, sie zu lehren, ihre Stadt erst einmal
wirklich zu sehen und aus ihrer Umgebung
so viel Freude, so viel Kraft, als eben möglich
ist, zu schöpfen, sei es absolut genommen so
wenig als es immer mag. – Man kann ohne
weiteres zugeben, dass das Leben in unseren
Städten anstrengender, ungesünder ist als in
kleinen Orten und auf dem Lande. Man kann
beklagen, dass der Städter dem Boden, den
Pflanzen, den Tieren immer fremder wird und
ihm damit viele Glücksmöglichkeiten genommen sind. Man muss auch eingestehen, dass
unsere Gebäude zum größten Teil trostlos
langweilig, unlebendig und dabei protzig und
anmaßend aussehen, aber daraus ergibt sich
einmal die Aufgabe, die Bauart unserer Städte entsprechend zu ändern, weiträumiger, an-

ständiger, künstlerischer zu bauen, und die andere, rascher zu erfüllende, jene Mängel durch anderes Genießen wieder wettzumachen.

Die Stadt ein Märchen Denn das ist das Erstaunliche, dass die große Stadt trotz aller hässlichen Gebäude, trotz des Lärmes, trotz allem, was man an ihr tadeln kann, dem, der sehen will, ein Wunder ist an Schönheit und Poesie, ein Märchen, bunter, farbiger, vielgestaltiger als irgendeines, das je ein Dichter erzählte, eine Heimat, eine Mutter, die täglich überreich verschwenderisch ihre Kinder mit immer neuem Glück überschüttet. Das mag paradox, mag übertrieben klingen. Aber wen nicht Vorurteile blenden, wer sich hinzugeben versteht, wer sich aufmerksam und eindringlich mit der Stadt beschäftigt, der wird bald gewahr, dass sie wirklich tausend Schönheiten, ungezählte Wunder, unendlichen Reichtum, offen vor aller Augen und doch von so wenigen gesehen, in ihren Straßen umfängt.

Die Stadt eine Heimat Wir bewundern staunend die Städte der Vergangenheit, Babylon, Theben, Athen, Rom, Bagdad: Sie alle liegen in Trümmern, und keine noch so geschäftig starke Phantasie vermag sie wieder aufzubauen; aber unsere Städte leben, sie umgeben uns mit der ganzen Macht der Gegenwart, des Daseins, des Heuteseins. Und gegen ihre bunte Unendlichkeit ist alle Überlieferung, sind auch die kostbarsten Trümmer tot, gespenstig und arm. Unsere Städte sind uns so unerschöpflich wie das Leben selbst, sie sind uns Heimat, weil sie täglich in tausend Stimmen zu uns reden, die wir nie vergessen können. Wie wir sie auch immer betrachten mögen, sie geben uns Freude, geben uns Kraft, geben den Boden, ohne den wir nicht leben könnten.

Die Stadt als Gestaltung

Freilich in einem sind sie mit den alten Städten verglichen arm, sie haben keine Form, keine Gestaltung. Die Straßen sind breiter geworden, die Häuser höher und umfangreicher, aber man hat die rohe wirtschaftlich-technisch notwendige Form nicht lebendig zu machen verstanden. Die Straßen haben kein eigenes Wesen, keine ihnen eigentümliche Art und Charakter. Die Plätze sind leere Räume ohne Größe und ohne Form, die Häuser fügen sich den Straßen nicht ein, sind laut, aufdringlich und doch ohne Wirkung. Zwischen Haus und Straße findet sich kein Zusammenhang. So bedauerlich das ist, es kann nicht wundernehmen, wenn man bedenkt, dass in den letzten Jahrzehnten Technik, Industrie, Handel alle Kräfte der beweglich schöpferisch Begabten aufgesogen haben, und dass erst heute, wo das Neuschaffen auf jenen Gebieten etwas zur Ruhe kommt, auch für die künstlerische Gestaltung Kräfte frei werden, die langsam beginnen, das bewusst zu gestalten, was bis dahin Zufall und blinde Notwendigkeit achtlos und ohne Liebe gehäuft hatten.

Die Stadt als Arbeitswesen

Um so schöner aber ist die Stadt als Arbeitswesen, als arbeitendes Gebilde. An sich ist ja alle Arbeit wie alle Natur ohne Schönheitsabsichten und Zwecke. Arbeit zielt auf Erwerb und wird zunächst als schwere Last, als Mühsal und Ärger empfunden. Aber dem betrachtenden Auge ist die Arbeit wie alle Naturgebilde voll von der mannigfaltigsten Schönheit. In jeder Arbeit, auch der geringsten, kann Schönheit liegen. Leider kommt sie nur dem Arbeitenden, und auch dem nicht immer, zum Bewusstsein.

Es ist oft eine sinnlich nicht greifbare Schönheit, oft nur eine Schönheit in der Vorstellung, in dem Gedanken, wie die Schönheit eines mathematischen Beweises, die im Rhythmus seiner Führung, nicht im Resultat liegt, wie die Schönheit eines genial ersonnenen und angewandten Experimentes, die Schönheit einer wissenschaftlichen Darlegung. Leider sind diese Dinge den meisten Menschen ganz unzugänglich. Der Fachmann empfindet sie wohl unbewusst, denn die Kraft dieser Schönheit trägt und erhält sein Leben, aber nicht immer ist er sich klar darüber, er

Gedanken-
schönheit

weiß nichts von dieser Kraft und kann sie nicht anderen vermitteln. Es ist unendlich schade, dass diese Arbeitsschönheit, die in den Wissenschaften heimlich aufgestapelt liegt, so ganz unbenutzt bleibt, dass die beinahe kastenmäßige Abschließung der Wissenschaften den Zugang dem Laien unmöglich macht und elende Popularisierungen – um so ekliger; je »poetischer« sie gehalten sind – ihm ein ganz wertloses Scheinbild entwerfen. Wer sich einbildet, dem Laien Wissenschaft mit elenden Mätzchen mundgerecht machen zu müssen, der weiß nichts von ihrer Schönheit.

Dasselbe gilt für Industrie und Handwerk. Wieviel Arbeitsschönheit bergen die Werkstätten und Fabriken einer Stadt. Wieviel klug ersonnene Handgriffe, Apparate und Maschinen, wie sinnvoll greifen die Arbeitsarten ineinander. Welch eine Fülle von Einbildungskraft, Phantasie, Klugheit und Konsequenz überall. Wen der wüste Lärm einer benachbarten Fabrik stört, der gehe doch einmal hinüber und lasse sich die Arbeitsstadien zeigen, die Maschinen erklären; er wird staunen über dies wunderbare Gedankengebilde, das dort unter Lärm, Staub und Schmutz sich verbirgt, und der Lärm wird für ihn einen Sinn bekommen; er wird

die Stimmen der Maschinen unterscheiden
lernen, das wüste Geräusch wird eine Sprache werden. Wie seltsam sind die Arbeitsbil-
dungen selber, welch ein merkwürdiges Wesen
ist eine Maschine, wenn man sich ihr inneres
Wesen, das Arbeiten ihrer Teile einmal deutlich vergegenwärtigt. Die Wandungen des
Zylinders, die ständig wachsendem und fal-
lendem Druck zu begegnen haben, die Ventile
in ihrem unablässigen Hin- und Herspielen,
die Fundamentplatte, mit schweren Bolzen an
die Mauerfundamente gebunden und in ihrer
schweren Masse alle Stöße und Vibrationen
der bewegten Teile sicher auffangend, welch
eine Welt von Kräften und innerer Bewegung.
Oder eine eiserne Brücke, aus Hunderten
arbeitender Glieder gefügt, alle ihrer Stärke
entsprechend beansprucht, unter jeder Bela-
stung sich leise dehnend und danach wieder
elastisch sich zusammenziehend, die Haupt-
teile beweglich gegeneinander, das Ganze
spielend in stählernen Gelenken und aus Rol-
lenwagen verschieblich unter dem Einflusse
der Lasten, der Sonne, der Kälte, in leisem,
kaum sichtbar pendelndem Dehnen und Zu-
sammenziehen. Es hat einen seltsamen Reiz,
so in Gedanken das heimliche Leben dieser
Ungeheuer nachzufühlen. Freilich, all das ist

nur dem begreiflich, der wenigstens etwas von Ausbau und Konstruktion dieser Dinge weiß. Darum sollte oft und viel von dieser Arbeitsschönheit die Rede sein, sollten Fachleute in verständlicher Sprache – und man kann alles, auch das Schwierigste einfach und verständlich ausdrücken – ihre Arbeit klarlegen. Dem Fachmanne wird es ein Genuss sein, das eigene Tun einmal als künstlerisches Gebilde zu betrachten, dem Draußenstehenden aber wird das immer wieder zum Bewusstsein bringen, dass es neben seiner Welt noch tausend andere gibt. Die Last des Lebens wird damit freilich nicht geringer, wohl aber die Kräfte größer, sie zu tragen.

Und vielleicht sind diese technischen Gebilde noch nicht das Großartigste, das das Arbeitsleben einer Stadt birgt. Das Zusammenwohnen vieler Menschen bringt mit Notwendigkeit tausend ordnende Organisationen hervor. Wie die Bienen zwischen ihren heißen Körpern in dichtem Schwarm ohne Absicht das Wunder der sechseckigen Zellen erzeugen, so entstehen unter den dichtwohnenden Menschen einer Stadt alle diese merkwürdigen Gebilde, die den Verkehr, das Zusammenleben, die gegenseitige Abhängigkeit zu Ordnungen formen. Es wäre eine verlockende Aufgabe, zu schildern, wie die Notwendigkeit die Menschen zwingt, ihre Beziehungen zu regeln, und welche Schönheit in diesen Ordnungen liegt. Schon die Organisation der größeren Geschäfte, ihr Aufbau, ihre Konstruktion, ihr Arbeitsgang, ihre Buchführung, ihr Kontrollsystem sind merkwürdig genug. Man könnte sie mit Kristallformen vergleichen, so reinlich sauber, konsequent und durchsichtig ist ihre Form gebildet. Die Notwendigkeit duldet nichts Überflüssiges und zwingt den Menschen zur Klarheit. Noch verzweigter, reicher sind die Organisationen des Staates und der Städte, auch sie nur Naturgebilden vergleichbar in ihrer Einheitlichkeit, ihrer stetigen Erneuerung und Fortentwicklung. Freilich empfindet man sie gewöhnlich nur als lästige Übel, die Reibungsstellen sind natürlich am deutlichsten, und es ist gerade das Nichtfunktionierende, das Überlebte, das in den täglichen kleinen politischen Kämpfen sichtbar wird und beseitigt werden soll. So kommt das Ärgerliche am meisten zum Bewusstsein, und da diese Organisationen so unendlich weitläufig sind, ist nur wenigen der Überblick gegeben, und auch denen kommen nicht immer die Schönheiten der Formen zum Bewusstsein. Und ganz selten findet sich ein Jurist oder ein Verwaltungsfachmann, der sich die Mühe nimmt, auch dem Laien einen Einblick in diese seltsam reichen Gebilde zu geben.

So bleibt die Arbeitsschönheit viel zu sehr verborgen, sie ist ein wichtiges Element in jedes einzelnen Leben, aber sie ist dem Laien nicht greifbar deutlich genug, nur dem sichtbar, der sich die Mühe nicht verdrießen lässt, sich durch trockene und geheimnisvolle Nomenklatur, durch verschleierte Darstellung hindurchzuarbeiten und so einen Ausblick in diese Welt zu bekommen. Gemeinverständliche Darstellungen könnten hier unendliche Reichtümer erschließen. Es kann kaum wertvollere Leistung geben als die, das Arbeitsleben der einzelnen Berufe verständlich zu machen, seine Schönheit lebendig fühlbar werden zu lassen. Solch Wissen gäbe unserer Kultur Einheit, Zusammenhang im Arbeiten, Schwung und Begeisterung für die gemeinsame Leistung.

Die Stadt als Natur

Zu dieser verborgenen Schönheit, die nicht
zu den Sinnen spricht, die nur dem zugänglich ist, der mit seinem Vorstellen, seiner den-
kenden Einbildungskraft den Arbeitsgebilden
fühlend nachgeht, gesellt sich als zweite die
Schönheit der Stadt als Natur. Das mag be-
fremdlich klingen, eben weil diese Schönheit
fast immer übersehen wird, weil man gar nicht
gewohnt ist, eine Stadt so anzusehen, wie man
die Natur, wie man Wald, Gebirge und Meer
ansieht.

Die Stadt der Geräusche

Es ist so wunderlich: Das Krächzen der Raben, das Wehen der Winde, das Brausen der See scheint poetisch, scheint großartig und edel. Aber die Geräusche der Stadt scheinen nicht einmal der Aufmerksamkeit würdig, und doch bilden schon sie allein eine merkwürdige Welt, die auch dem Blinden die Stadt als ein reich gegliedertes Wesen erscheinen lassen muss. Man muss nur einmal hinhören und den Stimmen der Stadt lauschen. Das helle Rollen der Droschken, das schwere Poltern der Postwagen, das Klacken der Hufe auf dem Asphalt, das rasche scharfe Stakkato des Trabers, die ziehenden Tritte des Droschkengaules, jedes hat seinen eigentümlichen Charakter, feiner abgestuft als wir es mit Worten wiederzugeben vermögen. Wir unterscheiden, ohne recht zu wissen wie, sicher die Gefährte voneinander, wir brauchen die Augen nicht dazu. Diese Geräusche sind uns vertraut wie alte Bekannte. Oft freilich allzu laut, betäubend in nächster Nähe. Aber fast immer schön, wenn sie sich entfernen und allmählich leiser werdend in der Ferne verklingen. Wie lustig klingen die rollenden Räder, wie wunderlich plötzlich wirkt ihr Verstummen, wenn eine Querstraße den Wagen aufnimmt. Wie eindringlich tönen die hauenden Schritte einsamer Fußgänger. Wie flüchtig leise, beinah zierlich wirkt das Gehen vieler Menschen in engen Straßen, wo selten ein Wagen hinkommt, wie man es etwa in der Schlossstraße in Dresden oft hören kann. Wie gedämpft leidenschaftlich das Schieben und Schurren wartender Mengen. Wie vielfältig sind die Stimmen der Automobile, ihr Sausen beim Herannahen, der Schrei der Hupen, und dann, allmählich hörbar werdend, der Rhythmus der Zylinderschläge, bald rauschend, bald grob stoßend, bald fein in klarem Takte, metallisch klingend. Und schließlich ganz in der Nähe die Sirenentöne der Räder, deren Speichen die Luft schlagen, und das leise rutschende Knirschen der Gummireifen. Wie heimlich klingt das tiefe Summen der Transformatoren, die in den Anschlagsäulen verborgen, mit kaum hörbaren Tönen uns berühren, wie ein Hund leise seinen Herrn mit dem Kopfe von hinten berührt. Wie wundervoll braust der satte, dunkle Ton einer Trambahn in voller Fahrt, rhythmisch gegliedert durch das schwere Stampfen des Wagens, dann allmählich hineinklingend das harte Schlagen auf den Schienen, das Klirren des Räderwerkes, das

Schlirren der Rolle und das lang nachzitternde Zischen des Zuführungsdrahtes. Stundenlang kann man durch die Stadt wandern und ihren leisen und lauten Stimmen zuhören, in der Stille einsamer Gegenden und dem Tosen geschäftiger Straßen ein viel verschlungenes seltsames Leben spüren. Es fehlen die Worte, den Reiz all dieser Dinge zu sagen.

Die Stadt als Landschaft

Ist so die große Stadt schon dem Hörenden ein bewegtes, reich gegliedertes Wesen, so schenkt sie unerschöpflich dem Sehenden, die Stadt als Landschaft, als buntes, ewig wechselndes Bild gibt einen Reichtum, eine Fülle, die lange Reihen von Menschengeschlechtern nie erschöpfen werden. Und wenn das heute den wenigsten fühlbar ist, so liegt das einfach daran, dass wir Menschen uns den Zugang zu jedem Genuss erst erkämpfen müssen, dass alle Schönheit, die wir kennen, erst allmählich im Laufe der Jahrtausende gefunden worden und so langsam ein unverlierbares Kulturgut geworden ist. Unsere großen Städte sind noch so jung, dass ihre Schönheit erst jetzt entdeckt wird. Und wie jedes Kulturgut, jede neue Schönheit zunächst befremdet, Misstrauen und heftiger Beschimpfung begegnet, so auch hier. Die Zeit, die die riesenhafte Vergrößerung der Städte hervorbrachte, gebar auch die Dichter und Maler, die ihre Schönheit zu empfinden begannen, und aus dieser Schönheit ihre Werke aufbauten. Aber man hat sie mit einer Flut von Verdächtigung, Schmähung und moralischer Entrüstung überschüttet; man verdammt sie, weil sie in den Schmutz der Straße herabgestiegen sind, und ahnt nicht, welche Ehrung man ihnen damit erweist. Denn eben das wird man diesen Künstlern nie vergessen können, dass sie dort, wo die Menge verachtend und schaudernd vorbeigeht, im Schmutze der Straße, im Gewühl härtesten Egoismus, rücksichtslosesten Erwerbens Schönheit, Größe und Zartheit fanden. Und weil dieses Entdecken und Streben noch immer missverstanden wird und von Kurzsichtigen wütend als lasterhaft und landesverräterisch bekämpft wird, will ich von dieser Schönheit ausführlich sprechen, zumal die Sprache reicher ist an Worten für die sichtbaren Dinge und sich diese Welt eingehender beschreiben lässt, als die nur hörbare.

Vom Sehen und der sichtbaren Welt[1]

Zunächst aber möchte ich versuchen, eine Reihe Missverständnisse zu beseitigen, welche das Eindringen in diese Schönheit oft hoffnungslos zu erschweren scheinen.

Man nimmt naiverweise an, dass jeder Mensch sieht wie der andere, und dass daher, wenn zehn Menschen ein Ding betrachten, und zehn ganz verschiedene Eindrücke haben, dies ausschließlich Folge ihres verschieden gearteten Geschmacks sei. Man nimmt an, die Bilder der Dinge spazieren ganz und ohne Hindernisse durch die Netzhaut in die Seele. Und dieser Irrtum, der in der Erkenntnistheorie schon eine bedenkliche Rolle spielt, ist in der ästhetischen Betrachtung beinahe noch verderblicher. Gewiss, auf die Netzhaut kommt ein vollständiges Bild des Gegenstandes, aber die Netzhaut ist verschie-

Das Sehen

---

1 Im Jahre 1905 habe ich in der Neuen Gesellschaft auf Veranlassung ihres Herausgebers Dr. H. Braun eine Reihe kleiner Aufsätze veröffentlicht, die als Ergänzung zu den obigen Ausführungen dienen mögen: Vom Sehen. Abendfarben. Frühlingsbäume. Baumkronen. Der Potsdamerplatz in Berlin. Eindruckskunst. Bd. I 1905. Heft 4, 7, 8, 10, 12 und 23.

den empfindlich, am gelben Fleck im höchsten Maße, von da nach den Seiten immer mehr abnehmend. Um also einen Gegenstand vollkommen zu sehen, müssen wir alle seine Teile auf den gelben Fleck bringen. Das dauert nun ziemlich lange, zumal beim Auffassen plastischer Dinge noch die Notwendigkeit hinzutritt, den Standpunkt mehrfach zu wechseln.

Wenn wir nun alles so genau betrachten wollten, wäre ein Leben überhaupt nicht möglich. Und der Mensch sieht infolgedessen für gewöhnlich niemals so genau. Es kommt hinzu, dass uns das Wahrnehmungsbild an sich ja nicht interessiert, sondern sein Gegenstand, der etwas ganz anderes ist und erst aus den Wahrnehmungsbildern von der Seele geformt wird. An einem Tisch interessiert mich zunächst nur, dass eine Platte da ist in einer bestimmten Höhe über dem Boden, die Beine nur insoweit, als ich mich daran stoßen könnte, und etwa noch die Schublade. Um über diese Dinge ins klare zu kommen, genügen ein flüchtiger Blick und ein paar tastende Griffe mit Hand und Fuß. An einem Messer interessiert mich Griffende und Schneidenseite usf. Kurz, unser Sehen dient uns im praktischen Leben ausschließlich zur Orientierung, wir sehen von dem großen Kreis des Sichtbaren nur das, was für unseren Wollensverlauf von Wichtigkeit ist, und alles übrige bleibt ein vager Eindruck, der bald vergessen wird. Auch die Stücke und Teile, die wir genauer ansehen, werden nur sehr unvollständig aufgenommen. Jeder weiß genau, wo die Haustür in seinem Hause sitzt, wo Klinke und Klingel sich befinden, aber wie die Türe im einzelnen gearbeitet ist, ihre Farbe, die Form der Glasscheiben, das alles bleibt ziemlich ungesehen. Das Kind bringt einen guten Teil seiner ersten Jahre damit zu, sich vom Zuviel der Gesichtseindrücke zu befreien, und sie auf die lebenswesentlichen Punkte zu verringern.

Es hat daher auch sehr lange gedauert, bis die Menschen entdeckten, dass das Sehen als solches Vergnügen macht. Man hat früh angefangen, das Sichtbare wiederzugeben, aber das tat man lange Zeit nur um des Dargestellten willen, weil man das lebendige Ding liebte, den Helden, das Pferd, nicht weil man wusste, dass die Formen des Pferdes als solche schön sind und Freude erregen. Natürlich hatte sich schon immer diese Freude am Sichtbaren in die Liebe zum Ding gemischt. Aber erst indem man sie darstellte, begann man zu fühlen, dass die Form allein, abgesehen von allem Objekt der Darstellung, etwas Wundervolles

Das Sehen
als Genuss

sein kann. Im Laufe der Jahrhunderte wurde das immer deutlicher. Den Künstlern natürlich zunächst. Aber erst in unserer Zeit fängt man allmählich an, bewusst einzusehen, dass Form und Farbe ihre Schönheit nicht von dem Gegenstande borgen, ja dass ihnen eine Schönheit zukommt, die im Gegenstand gar nicht empfunden wird, solange er nur mit praktischen Zwecken betrachtet wird, und dass eben erst ein künstlerisches Sehen dem Gegenstand die Schönheit gibt, die in Form und Farbe, abgesehen von allen dinglichen Beziehungen lebt. Wer Bismarck malt, gibt die Erinnerung an den einzigen Mann und schon damit Freude, aber daneben steht die Freude an Form und Farbe, an Kopf, Mund und Augen, die auch dem bleibt, der nichts von Bismarck weiß. Und nur diese Freude ist die künstlerische. Unfähige werden immer ihren Mangel an Kraft, Schönheit zu geben, durch gegenständliche Beziehungen zu verdecken suchen. Aber das ist ein Betrug, der nur kurze Zeit wirksam sein kann. Mit der Zeit schwindet meist das Interesse am Gegenstande, während die rein sichtbare Schönheit unvermindert bleibt. Die Dogen, ihre Kämpfe, ihre Klugheit und Größe sind fast vergessen, nur mühsam vor dem inneren Auge aufzubauen, aber der Dogenpalast lebt wie am ersten Tage.

Das Gesichtsbild spielt also im Leben nur eine dienende Rolle, erst der Künstler machte es zum Mittelpunkte seines Arbeitens und erkannte seinen Wert für unser Fühlen; und indem er es wiedergab, brachte er dem Menschen Kunde von einer zweiten Welt neben und zwischen der Welt der Gegenstände, von der Welt des Sichtbaren.

Leider hat man nun dies Verhältnis ganz und gar verwirrt dadurch, dass man zur Erklärung moderner Bilder sagte: Beim Bilde kommt es nicht auf das Was an, sondern auf das Wie, die Art der Technik, des Malens sei die Hauptsache, mache ein Bild erst wertvoll. Man wollte dadurch das wirkliche Verhältnis ausdrücken, aber diese bestechende Antithese verdarb durch ihre Schiefheit alles, machte den Außenstehenden den Zugang zu dem neuen Sehen erst recht unmöglich. Es handelt sich gar nicht darum, dass Manet Spargel in einer wunderbar vollendeten Technik malte, sondern dass er entdeckte, dass ein Spargelbund, das bis dahin nur als essbarer Gegenstand betrachtet wurde, ein kleines Wunderreich der zartesten, herrlichsten Farben ist, so schön und so reizvoll als die duftigste Blume, als die schönste Frau. Er entdeckte, dass neben und in dem bekannten Etwas ein ganz anderes Etwas, dem Auge allein erreichbar, liegt, und darum versuchte er es zu malen. Kurz, es handelt sich nicht um was und wie, sondern um was und was, um Gegenstand unseres Denkens und um Wahrnehmungsbild. Die Menschen beachten dies letzte gewöhnlich nicht, weil ihr Wollen, ihr Interesse sie weiter treibt, darum entging ihnen diese Schönheit, dieser Reichtum, und daher konnten sie auch ihren Spargel (den Gegenstand) in Manets Spargel (dem Augenbild) nicht wiedererkennen. Manet hatte nur gesehen den Spargel mit der Luft darüber und den Schatten, die anderen hatten nur essbare Spargel gesehen ohne Farbe, ohne Schatten, ohne Luft, weil man das alles nicht essen kann. Und erst langsam konnte das Missverständnis begriffen werden, konnte eingesehen werden: Wir sind unermesslich reich, neben der Welt der Gegenstände, die wir kennen, steht eine zweite, die Welt des Sichtbaren. Und so kam es, dass jenes Bild den einen eine Offenbarung, der Beginn eines neuen reicheren Lebens war, den anderen ein Spott, eine Lächerlichkeit.

Die Menschen **zersehen** eben gewöhnlich das Sichtbare, zerlegen es, zerstückeln es, nehmen Teile daraus, betrachten jenes flüchtig, dies genauer und ein drittes bis in die letzte Kleinigkeit, je nach ihrem praktischen Interesse. Daher zerrinnt ihnen die sichtbare Schönheit, sie haben keine Aufmerksamkeit für sie, und darum fragen sie unwillkürlich vor jedem Kunstwerk: Was stellt es dar? Denn sie können nicht begreifen, dass es außer Gegenständen noch »sichtbare Dinge« geben könne. Man pflegt amüsiert zuzuhören, wenn ein Dienstmädchen mit glühenden Wangen vom Theater kommt und von der Schlechtigkeit oder der Tapferkeit eines Schauspielers erzählt. Es bleibt nicht an der Oberfläche der Kunst, sondern sucht sie zu durchdringen, sucht durch den Schauspieler, der nur die schöne Erscheinung des Menschen spielt, zum Menschen selbst zu dringen, und zerstört so das Kunstwerk. Aber der über solche Naivität lächelt, begeht dieselbe Torheit vor Bildern, wenn er vor allem nach dem Gegenstand fragt, absolut wissen will, wo denn die Brücke endige, und ob jener helle Fleck im Wasser ein Vogel oder ein Stück Papier sei. Auch er sucht, unter die Oberfläche, hinter die Erscheinung zu dringen zu den Gegenständen, die er allein aus seinem Leben kennt. Auch er glaubt, ganz naiv, dass nur sein praktisches Leben Wert und Existenzrecht habe.

Er vermisst das Geistige, das Ideale, das er sich nur begrifflich denken kann, und ahnt nicht, dass das Sichtbare als seelisches Erlebnis natürlich genau so geistig, genau so ideal, genau so wertvoll ist, als jede andere große Erregung der Seele. Auch hier ist das Wesentliche überall nicht das Objekt, sondern das Gefühl, die Erregung, die es hervorruft.

Alles Gut unseres Lebens, unser Glück bilden die großen Freuden, die Gefühlserregungen, die die Höhepunkte unseres Handelns, unseres Lebens begleiten. Im Gefühl liegt die Wertung aller Objekte, alles Geschehens. Es ist nun leicht begreiflich, dass der, der dieses Glück nur im Erleben der praktischen, gegenständlichen Welt empfunden hat, es für nötig hält, dass jedes Kunstwerk seinen Wert nur durch eine Beziehung, durch eine Erinnerung an diese Welt sich borgt. Er übersieht, dass die Welt des Sichtbaren genau wie die praktisch erlebte Welt unmittelbar Gefühle hervorruft, also auch unmittelbaren Wert hat, unmittelbar Freude, Glück, Lebenserhöhung, Ideal bedeutet.

Freilich kann nur der dazu gelangen, der wirklich sieht, der sich dem Sichtbaren so unbedingt restlos hingibt, wie man sich seiner Arbeit, seinem Wollen, seiner Liebe hingibt. Wie nur dem, der sich mit ganzer Seele, mit ganzem Gemüt einem Wollen ergibt, große Dinge gelingen können, so erschließt sich die Wunderwelt des Sichtbaren nur dem leidenschaftlich sie Ergreifenden. Nur dem, der gelernt hat, sie aufzuspüren, der Erfahrung und Ausdauer genug hat, ihr nachzugehen. Denn das Genießenkönnen versteht sich so wenig von selbst wie das Arbeitenkönnen. Unendlich lange haben die Menschen gebraucht, bis sie so viel sehen konnten, als uns heute als selbstverständlicher Besitz überliefert wird.

Es ist vielleicht das erstaunlichste Wunder im Aufbau unseres Lebens, dass das, was scheinbar ein Unglück, ein missgünstiges Geschick unsere ursprünglichen Zwecke behindert, von unseren ersehnten Zielen uns abbringt, dass eben dies der Beginn neuen, ungeahnten Erlebens ist. Wir ziehen immer aus wie Saul, des Vaters Eselinnen zu suchen, und finden Königreiche. Als der Mensch darzustellen begann, hatte er nur die Absicht, die Menschen und Dinge, die in seinem Willensleben ihm lieb waren, wiederzugeben, sich an sie zu erinnern. Und er zeichnete zunächst primitiverweise nur das gegenständlich Wesentliche, aber bald entdeckte er im Abbilden, dass es an dem ihm nur gegenständlich Bekannten noch viel mehr zu sehen gab, und die Freude an diesen Sichtbarkeiten

Die Entdeckung der Welt des Sichtbaren

begann, zunächst die Freude an dem, das dem Gegenständlichen am nächsten verwandt ist, an der Form. Die plastische Form, die sich sehen und tasten lässt, aber gewissermaßen ohne die Zufälligkeiten der Stellung, die eben gegenständlich nichts besagen: in steifer Haltung, streng symmetrisch, aber mit allen Details der Kleidung, der Abzeichen, die lebenswichtig waren. Welch ein weiter Weg von dem schüchtern vorgestellten linken Fuß des Apolls von Tenea bis zu den Figuren Michelangelos, bis zur Freude an Überschneidung, Verkürzung, an ungewöhnlichen Stellungen und Ansichten, die im Notwendigkeitsleben nichts bedeuten. Und dann wieder, welch ein Sprung von der plastischen Empfindung der Florentiner zu den Farbenträumen der Venezianer, zur Freude am Schatten, an Lichtkanten, an Farbenbrechung, an räumlichen Massen. Und dann, der weite Weg von Venedig über Velasquez und Goya, über Frans Hals und Rembrandt zu den modernen Franzosen, zu Manet und Monet, Cézanne, Degas und van Gogh. Hier erst vollendet sich die Loslösung des Sichtbaren vom Gegenständlichen. Der Gegenstand als solcher ist vollkommen ausgeschaltet, und konnte bisher der im Gegenständlichen, im praktisch Wirklichen Befan-

gene der Kunst scheinbar Interesse entgegen-
bringen ohne wirklich künstlerisches Empfinden, da noch immer der Stoff, das Wirkliche
im Bilde sein Wesen **scheinen** konnte, so ist
das vor den modernen Franzosen nicht mehr
möglich. Sie geben nur das Sehenswesentliche
und unterdrücken den Gegenstand überall, wo
er das Sehen stört. Die Kunst tritt zum ersten
Male absolut, unbedingt auf. Es gibt kein Ver-
stecken, keine Kompromisse mehr. Daher der
erbitterte, barbarische Kampf um diese Dinge.

Die Franzosen entdeckten den Luft- Die Luft-
schleier
schleier, der aus den Dingen ganz anders
geartete Gebilde macht mit neuen Geset-
zen und neuen Schönheiten. Sie malten nicht
mehr Menschen, Brücken, Türme, sondern die
seltsamen Erscheinungen, die Luft, Beleuch-
tung, Staub, Blendung aus ihnen machen. Der
handelnde Mensch ist gezwungen, durch diesen Schleier hindurchzusehen, er muss erken-
nen. Diese Maler aber entdeckten, dass wenn
man nur sah, ohne durch scharfe Einstellung,
durch absichtliches Abstrahieren von der Erscheinung das Sichtbare zu zerstören, eine
neue Wunderwelt sich auftat, und sie malten,
was sie sahen. Daher auch die schulmeisterlich
gerügte Skizzenhaftigkeit ihrer Bilder.

Wir haben in diesen Dingen vorläufig nur zu

lernen und nichts zu kritisieren. Es ist albern, sogenannte patriotische Gesichtspunkte hier einzumengen. Wir haben von jeher vom Ausland gelernt, von der Antike die Grundlinien unserer Kultur, von Frankreich die Gotik, von Italien Barockkunst und Musik, von England Shakespeare und die industrielle Entwicklung überkommen. Lernen ist keine Schande, wohl aber kindisches Ablehnen neuer Kulturgüter. Und wenn heute gewisse Leute nicht müde werden, pathetisch zu schreiben: Das deutsche Volk lehnt diese fremdländischen Mätzchen ab, so ist dem entgegenzuhalten, dass das deutsche Volk der dümmsten eines wäre, wenn es sich diesem neuen Reiche der Schönheit verschließen wollte. Gerade unser Land mit seinem Klima fordert solche Sehweise heraus. Wir würden uns eines ungeheueren Reichtumes begeben, wollten wir nicht von den Franzosen lernen, diese Luftschleier zu sehen; unser Sehen bleibt darum doch deutsch: Unsere Städte, unsere Landschaft und unser Klima sind so ganz anders geartet, dass wir bei solchem Sehen auch ganz andere Dinge entdecken werden, als die Franzosen in ihrem Land entdeckt haben. Mir hat jedenfalls die Beschäftigung mit den französischen Bildern ganz neue Ausblicke eröffnet, und mir Berlin, die Stadt, in der ich lebe, zu einem täglich sich erneuenden Augenwunder gemacht. Ich will versuchen, davon einen Begriff zu geben, soweit Worte derartiges wiederzugeben vermögen, um so andere zu ähnlichem Schauen und Freuen zu verlocken.

Die landschaftliche Schönheit der Stadt

Absichtlich lasse ich daher alles beiseite, das man ohnehin gelten lässt, die sogenannten Naturschönheiten, an denen es ja auch den gescholtenen Städten nicht ganz mangelt, die öffentlichen Parke, Berg und Fluss und See. Auch die alte Architektur, die hübschen alten Häuser, die erinnerungsreichen Kirchen und die reizvollen Plätze aus alter Zeit will ich nicht berühren, trotzdem auch sie viel zu wenig Beachtung finden. Die wenigsten wissen, dass selbst das arme Berlin eine Fülle alter Baukunst und Stadtkunst enthält, dass seine alten Häuser und Kirchen, könnte man sie zusammenrücken, eine gar nicht kleine, feine alte Stadt ergeben würden. Ich will nur von der modernen Stadt reden, die als Gestaltung mit verschwindenden Ausnahmen abscheulich ist. Die Häuser schreiend und doch tot, die Straßen und Plätze notdürftig den praktischen Erfordernissen genügend, ohne Raumleben, ohne Mannigfaltigkeit, ohne Abwechslung eintönig sich hinziehend. Man kann stundenlang durch die neuen Teile Berlins gehen und hat doch das Gefühl, dass man gar nicht vom

Fleck kommt. So gleichförmig scheint alles, trotz des lauten Bestrebens aufzufallen, vom Nachbar abzustechen. Und doch auch hier, in diesen greulichen Steinhaufen lebt Schönheit. Auch hier ist Natur, ist Landschaft. Das wechselnde Wetter, die Sonne, der Regen, der Nebel formen aus dem hoffnungslos Hässlichen seltsame Schönheit.

Der Schleier des Tages

Der Nebel tut es vielleicht am eindringlichsten, und seine Schönheit ist immer schon ein wenig beachtet worden. Er verändert eine Straße ganz und gar. Er überzieht die Häuser mit einem dünnen Schleier, grau, wenn Wolken über ihm die Sonne bedecken; warm, goldig und bunt, wenn über ihm ein freier Himmel sich breitet. Er verändert die Farben der Häuser, macht sie einheitlicher, milder; er verwischt die starken Schatten, ja hebt sie ganz auf, und diese Gebäude, die fast alle an einem sinnlos übertriebenen Relief kranken, erscheinen feiner, zurückhaltender, flächiger. Selbst der Dom, dieses erschreckende Erzeugnis eines ziellos und steuerlos gewordenen Handwerks, scheint an dunstigen Herbsttagen, wenn gegen zehn Uhr morgens der Nebel sichtig und warm wird, ein wundervolles Gebilde; die unsinnigen Vertiefungen, die tausendfältigen Zerschneidungen und Teilungen verschwinden, von Nebel angefüllt, und die zerrissenen Formen werden voll und groß. Der Nebel verfeinert die schlechte Architektur, er füllt die Straßen, die sonst ins Endlose laufen, und schafft so aus dem Leeren einen schließenden Raum.

Was so der Nebel greifbar deutlich, auch dem unaufmerksamen Auge fühlbar bewirkt, das tut feiner, leiser, unauffälliger die Luft, die in unseren Gegenden beinahe stets dunstig, einen dünnen Schleier über alles breitet. Ihre Dichte wechselt, und so wechselt auch täglich dieser Schleier, manchmal fast unkenntlich und dann wieder von ganz starker Wirkung. Schön, wenn die ganze Straße aus tausend Abstufungen von Grau und Schwarz gebildet scheint, mit den bunten Höhepunkten einer Anschlagsäule oder eines gelben Herbstbaumes. Schön, wenn nach langer Trockenheit alles ganz hellgrau, beinahe weiß erscheint. Wunderbar, wenn an hellen Sommertagen der leise Dunst, nur in den Schatten sichtbar, feine, bunte Schleier breitet. Natürlich ist nicht alles schön, wie nirgends in der Natur. Man muss suchen. Und das ist schwieriger, weil nicht wie in der freien Landschaft Tausende vorher gesucht und das Schöne gemalt oder beschrieben haben. Oft sind es nur winzige Teile, die schön sind, etwa die spiegelnden Trambahnschienen im grauen Asphalt oder die Vertiefung einer Loggia, deren rote Wand, halb von der Sonne beschienen, halb im Schatten liegend, im Kontrast mit dem Grau der Hauswand, ein entzückendes

Farbenspiel gibt. Oft aber sind es auch große
Bilder, die erfreuen: eine glückliche Beleuch-
tung, eine schöne Verteilung des Schattens,
der weit über die Straße fallend aus der regel-
mäßigen Langeweile eine große bewegte Form
macht.

Ganz anders wirkt der Regen, er verwischt die Farben nicht, sondern macht
sie schwerer, dunkler, satter. Der hellgraue Asphalt wird sattbraun, die Umrisse
werden härter, die Luft wird sichtiger, die Tiefe scheint tiefer, alles bekommt Bestimmtheit,
Schwere; aber darüber legt sich das Wunder
des Glanzes und der Spiegelungen, die alles
in ein glitzerndes Netz einhüllen, und aus
der vernünftig nützlichen Straße ein schimmerndes Märchen, einen funkelnden Traum
machen.

Noch wilder, noch phantastischer ist die
Dämmerung; sie verdichtet den Dunst
des Tages, legt immer dunkler werdende
Wolken in die Tiefen der Häuser, die Straßen
scheinen sich unten rechts und links anzufül-
len, alle Formen werden ruhiger und schwerer,
alle Farben matter und milder, alles dunkelt
allmählich, nur einige Punkte leuchten, die
tagsüber grellen Farben eines Wagens oder
die schreienden Plakate einer Anschlagsäule

klingen nun hell und fein in dem sinkenden Grau. Aber der Himmel übertönt mit seinem Leuchten alles, er blendet die Augen und breitet über die ganze Straße einen Mantel von flimmerndem, ungewissem, zuckendem Licht, das überall ist und doch nirgends herkommt. Und dann leuchtet mit einemmal das Abendrot auf, warm glühend wird alles, das vorher grau und sterbend schien. Die ganze Luft ist erfüllt von warmen, bunten Farben, alle Töne werden lebhaft, die Spitzen der Häuser und Kirchen erglühen in grellem Gelbrot, und in den dämmernden Straßen breitet sich das strahlende Blau des Abends. Überallhin dringt es, es ist stärker als alles künstliche Licht, die engsten Straßen erfüllt es, ja, vielleicht ist es dort am stärksten. Es ist ein unvergleichliches Erlebnis, um diese Zeit in einem der Stadtcafés zu sitzen, die im ersten Stock sich befinden, auf die immer dunkler werdenden Menschenmassen herabzublicken, über sich das kleine Stückchen Himmel plötzlich aufflammen zu fühlen und dann zu sehen, wie die blaue Flut die ganzen Straßen ausfüllt, durch die großen Fenster in die verrauchten Räume dringt und auf Momente alles verdrängt, die Zeitung, die Karten, die Gespräche und all die Kümmerlichkeiten eines banalen Erlebens.

Nebel, Dunst, Sonne, Regen und Dämmerung, das sind die Mächte, die im unendlichen Wechsel die großen Steinnester mit immer neuem Farbenglanz umkleiden, ihre Formen verschmelzen, sie geschlossener, ja monumental machen; die aus den ärmlichsten Höfen, aus den trostlosesten Gegenden eine Welt farbiger Wunder aufbauen. Sie formen aus den scheinbar unveränderlichen Steinhaufen ein lebendiges, ewig neu sich gestaltendes Wesen. Nie könnte ein Einzelner den ganzen Reichtum erschöpfen; er hat genug zu tun, nur das zu erleben, was seine Umgebung, sein Hof, sein Haus, die täglich begangenen Straßen ihm darbieten.

Vor meinem Arbeitszimmer steht eine hohe Giebelwand: Ich kann von meinem Schreibtisch nichts sehen außer ihr, und den Himmel nur, wenn ich ganz nahe ans Fenster trete und den Kopf zurückbeuge. Die Wand ist unbeworfen, aus schlechten Ziegelsteinen, bald gelb, bald rötlich, mit grauen, unregelmäßigen Fugen. Aber diese Wand lebt, sie ist bei jedem Wetter ein anderes Geschöpf: grau, eintönig, schwer an trüben Tagen, lebhaft bewegt an hellen. Dann leuchten die roten Ziegel stärker als sonst, und alle Unebenheiten des Gemäuers treten deutlicher hervor und geben ihr ein schimmerndes Korn. Manchmal kommt die Sonne und bescheint ihren oberen Teil. Dann wird die Wand oben feurig und leuchtend, und der untere Teil bekommt einen weichen, feinen, bläulichen Ton. Vor die Wand recken sich – ich wohne im zweiten Stock – die Spitzen einiger Bäume aus dem sogenannten Garten mit dünnen, glänzenden Zweigen; im Sommer sind riesige Blätter daran – der Baum will leben, und die Spitzenblätter können am ersten Kräfte vom Himmel einsaugen – ihr schweres Grün steht satt und voll gegen die matten Töne der Wand; aber im Herbst, wenn dic Blätter zu gilben anfangen, dann strahlen die von der Sonne beschienenen vor der beschatteten Wand, ein mildes Leuchten geht von ihnen aus, das den Schatten kühl und bläulich erscheinen lässt. Und wenn dann andere Blätter rötlich geworden sind, dann entsteht ein Bild von wunderbarer Zartheit: das leuchtende Rot der Blätter vor dem zarteren Rot des Steines. Schaut man aber am späten Nachmittag in den Garten, wenn ein leiser Nebel die Bäume einhüllt, dann glaubt man in einem Zauberland zu sein: Fein im dunkelnden Raum vor der violett schillernden Wand schweben die bunten leuchtenden Blätter, und um sie wogt verschleiernd und freigebend die blauende Dämmerung. Dann kommt der Winter, die Blätter fallen, und eines Tages erhebt sich vor der rötlich und bläulich schimmernden Wand gespenstig, unbegreiflich, wie ein goldener Quirl, die allein von der Sonne getroffene Spitze des höchsten Baumes.

Und wie diese Wand mir das Leben des Jahres spiegelt, so tut es die Straße vor meinem Haus. Ich gehe jeden Morgen hinunter auf einige Augenblicke, ihre Veränderungen zu sehen. Ihre Länge wechselt beständig, je nach der Sichtigkeit der Luft, immer beinahe sind ihre Enden durch Dunst geschlossen, und je nach der Sonne und dem Schatten scheinen die Häuser höher oder niedriger, schieben sie sich näher oder ferner. Das Grau des Fußsteiges und des Dammes, die grünen Wolken der beiden Baumreihen und die schwarzen Säulen der Stämme, jeden Tag erscheinen sie anders, nicht immer schön, aber oft so entzückend, dass ich mich nicht losreißen kann. Und so ist es überall.

In der Nähe steht eine romanische Kirche. Schaudervoll, höchst schaudervoll als Architektur, konfus im Aufbau, sinnlos in den Verhältnissen, töricht im Detail, mühsam zusammengetragen aus tausend alten Kostbarkeiten. Der Anblick ist, architekto-

nisch genommen, das Schrecklichste, was ich
mir denken kann. Es ist unmöglich, sich daran
zu gewöhnen. Und trotzdem blicke ich jeden
Tag nach ihren Türmen. Denn aus ihnen machen Luft und Dunst täglich ein neues Wunder. Die steinernen Dächer der Türme, dunkler
vom Regen und Wetter geworden als die Wände und Giebel, beherrschen alle Straßenzüge
ringsum, und täglich sehe ich sie mehrmals
im wechselnden Lichte des Tages. Bald scheinen sie hellgrau im grauen Himmel in weiter
Ferne zu liegen. Bald kommen sie dunkel und
drohend nahe; nach Regen scheinen sie grün,
ja von gewissen Seiten aus violett, und dann
wieder stehen sie beinahe weiß leuchtend vor
dem blauen Himmel. Sie sind anders von der
Ferne, anders von der Nähe gesehen, anders
im Licht, anders im Schatten, anders jede
Stunde und jeden Tag, auch sie nur ein Stück
des lebendigen Wesens, das uns geheimnisvoll
wirksam immer umgibt, und das wir nur mit
armseligen Worten, wie Wetter oder Klima zu
nennen wissen.

Erlebt man so im täglich Gese-
henen den Wandel, so prägt sich von
den seltener berührten Straßen und
Stadtgegenden einzelnes ein durch Lieblich-
keit oder durch Größe. Zu dem Gewaltigsten,

das ich kenne, gehört eine eiserne Brücke der Stettiner Bahn. Langhin dehnt sich hinter dem Bahnhofe die den Damm begleitende Straße, rechts eine Reihe fünfstöckiger Häuser ohne Balkons, flach, reizlos, formlos. Aber in der Ferne erhebt sich ein dunkles Ungeheuer. Denn dort wendet sich die Bahn ein wenig nach rechts und überschreitet die Straße auf 70 Meter langer Brücke. Die Straße senkt sich dort unter sie, so dass es aussieht, als ob die Brücke beinahe den Boden berühre, die schweren, riesigen Tragwände verschieben sich gegeneinander und bilden eine dunkle, springende Masse, die hart am letzten Haus vorbeiführt und gegen es anzubrausen scheint. Wie ein Posaunenstoß scheint der schwarze, sich türmende, bewegte Berg; das Herz steht einem still, wenn man die ungeheure Wucht, die Leidenschaft, die Größe dieser ungeschlachten Masse erblickt. Nur eines könnte ich ihr vergleichen. Es war im Kieler Hafen. Die Panzer lagen in großen Abständen weit hinaus. Und unter ihnen einer, der hatte alle Signalflaggen zum Trocknen ausgehängt; das war dasselbe leidenschaftliche, entsetzliche Brausen, vielleicht noch toller durch die wilden Farben, die in einem gellenden Rot ausklangen: das Ganze ein riesiger, blutroter Kamm vom Deck bis

zur Mastspitze schwerfällig wehend, im ungeheuren Kontrast zu den Riesenformen der
Schiffe in ihrem schweigenden Grau.

Ähnlich gewaltig, aber zerrissener
die großen Bogen des Gleisdreiecks der
Hochbahn, in dem seltsamen Gegensatz
zu den dünnen, abstrusen Formen der Eisenkonstruktion.

Dann ganz anders, glitzernd, fast spie-
lerisch; und doch überwältigend, die
Halle des Schlesischen Bahnhofes, die
kolossale Dachfläche von 207 x 54 Metern,
gehalten von unzähligen, fadendünnen Ei-
senstangen, so dünn, dass man kaum ihren
Zusammenhang verfolgen kann, dass sie die
Augen beinahe schmerzhaft schneidend berühren. Abscheulich als architektonische Wirkung, aber unvergleichlich, wenn ein feiner
Nebel die weite Halle füllt und die eisernen
Stäbe wie ein endloses, glitzerndes Spinnen-
netz erscheinen lässt.

In seltsamem Kontrast dazu der Anblick gewisser Straßen im Nordosten im
Hochsommer. Die Häuser sehr hoch, höher als jetzt erlaubt, aber ohne Erker, abscheulich beklebt mit tausend missverstandenen,
leblos gearbeiteten Formen. Zwei hohe düstere
Wände: Die sinnlose Fülle der Gesimse und

Profile breitet ein Netz von schwarzen Schatten, wo die Sonne die Flächen trifft, und macht das trübe Grau des Anstriches noch schwerer auf der Schattenseite. Aber alle diese Häuser haben in jedem Stock zwei Gitterbalkons wie kleine Vogelkäfige, und jeder Käfig ist ganz voll vom dunklen Grün und Rot der dort sorgsam gezogenen Blumen und Schlingpflanzen. So scheinen die Straßenwände ganz bedeckt mit dicken, sattfarbigen Nestern, die in der perspektivischen Verschiebung dicht aufeinander hocken und der trübseligen armen Straße einen seltsamen Reiz von verhaltener leidenschaftlicher Glut, von phantastischer Großartigkeit geben. So kann aus einem schematisierenden Paragraphen einer Baupolizeiordnung, aus rücksichtslosester Ausnutzung des Bodens, aus architektonischem Unverstand und aus der Sehnsucht des eingesperrten Städters nach Blumen und Wachstum ein Bild von seltener Schönheit entstehen. Natürlich ist das ein besonders glückliches Zusammentreffen.

Leichter bilden sich großartige Eindrücke, wo das Riesenmaß der Ingenieurbauten schon in der Rohform eine gewisse Monumentalität mit sich bringt, zumal in den großen Hallen der Fabriken, die freilich nur wenigen bekannt werden, und vor allem in den Hallen der Bahnhöfe.

Wundervoll der Friedrichstraßen-Bahnhof, wenn man auf dem Außenperron über der Spree steht, wo man von der »Architektur« nichts sieht, sondern nur die Riesenfläche der Glasschürze vor Augen hat, und den Kontrast zu dem kleinlichen Gewirr der Häuser ringsum. Besonders schön, wenn die Dämmerung die zerrissene konfuse Umgebung durch Schatten einheitlich verschmilzt und dann die vielen kleinen Scheiben das Abendrot zu spiegeln beginnen, die ganze Fläche buntes, schimmerndes Leben wird, weithin überspannend den niedrigen, dunklen, nächtigen Spalt, aus dem die breiten Körper der Lokomotiven drohend sich vorschieben. Und dann welche Steigerung, wenn man in die dunkelnde Halle hineingeht, die noch angefüllt ist mit unsicherem Tageslicht: die riesige, langsam sich biegende Form unbestimmt in dem trüben Dunst, ein Meer von grauen, leise farbigen Tönen, von der Helle des aufsteigenden Dampfes bis zu dem schweren Dunkel der Dachhaut und dem vollen Schwarz der von Osten einfahrenden, brüllenden Lokomotiven; über ihnen aber scheint leuchtend in der trüben Fläche der Glasschürze wie ein ragender, roter, schimmernder Berg, irgendein Hausgiebel, den die Abendsonne zu grellem Feuer entflammt.

Der Schleier der Nacht

Gibt so der Tag tausend bunte Schleier, so tut es die Nacht in der Stadt erst recht. Sternenhimmel und Mondschein kommen allerdings kaum jemals rein zur Geltung, aber das künstliche Licht bringt dafür unendliche Farbenspiele. Schon in die Dämmerung mischen sie sich ein. Es sieht reizend aus, wenn in der bläulich schimmernden Straße unter dem verglimmenden rosigen Himmel in dem feinen Helldunkel, das alle Farben nur gedämpft erklingen lässt, die langen Reihen der grünlichen Gasglühlichter auftauchen: zuerst kaum sichtbar noch, dann wie farbige Punkte und dann erst in dem sinkenden Dunkel Licht mit eigenem Leben. Langsam füllt die Nacht die Straßen wie ein Gefäß an den Straßenwänden höher hinauf, am dichtesten am Fuße der Häuser. Die Blendung von dem tiefblauen Himmel trägt dazu bei, die Schattenschleier zu vermehren, und in diesem Meer von Dunst- und Schattenschichten beginnen die bunten Lichter ihr ewiges Spiel. Ihre Farben und ihre Lichtstärken sind sehr verschieden. Das Grün und Gelbweiß des Gasglühlichtes, das milde Blau der gewöhnlichen Bogenlam-

pen, die roten und orange Farben des Bremer-
lichtes und der neuen Spielarten der Bogen-
lampe, das Rot und Weiß der Glühlampen
und der neuen Metallfadenlampen. Dazu das
Dunkelrot und Grün der Signallampen. Jede
Straße bietet neue Verteilung und Kontraste.

Wundervoll ruhig und groß, eine
breite Straße, wie die Hardenbergstra-
ße, nur mit zwei Reihen bläulicher Bogenlampen, die ganze leichtgebrochene Straße
im klaren, vollen Licht, ohne Unterbrechung
durch das Geschrei der Geschäftsbeleuchtung.
Die Häuser scheinen rechts und links im Däm-
mer zurückzuweichen, und die Bäume der
Vorgärten bekommen ein seltsames Aussehen,
wie sie es nie am Tage haben, sie gleichen beinahe Bergen von Moos, in dem auch hellgrüne
Spitzen von dunkelschwarzem Grunde sich he-
rausheben. Gespenstig lagern sich die dunkel-
grünen Wolken in den Tiefen der Gärten, aber
wo die Bäume zur Straße kommen und dichte
Zweige über die Fußsteige hinausstrecken, da
leuchten die zackigen Formen der Blätter hell
auf, und im durchfallenden Lichte scheinen sie
dem Daruntergehenden wie von Lichtkanten
umflossen, das Ganze ein leuchtender Spitzen-
schleier, entzückend schön in seiner zierlichen
Schärfe, in seiner reichen Dichte und Bewegt-

heit. Und am Boden heben sich vom kühl-schimmernden Stein die phantastischen Netze der Blattschatten in feinen, warmen Tönen ab. – An Regentagen aber verändert sich das Bild völlig: Die Straße wird dunkel, die hellgraue Glätte des Asphalts wird bräunlich wie Milchkaffee, die Wellen seiner Oberfläche spiegeln glitzernd das Licht der Laternen. Die Luft füllt sich mit feinem frischen Nebel, und der ganze Himmel scheint bedeckt mit einem wundervollen Schleier von bläulichem Violett.

Anders ist das Licht in den engeren Straßen, wo die nähergerückten Häuserreihen das Dunkel fühlbar machen, wo etwa Baumreihen die oberen Stockwerke in schimmernde Schatten hüllen, die dem geblendeten Auge von zartem Licht überspielt erscheinen. Blank und hell liegt der trockene Asphalt ohne Spiegelung da, nur die Trambahnschienen glitzern, aber unter den Bäumen, wo die in der Straßenmitte hängenden Lampen nicht hinreichen, aus den unteren Geschossen der Häuser, aus den langen Ladenreihen bricht buntes Licht in dichtem Gewühl hervor, so dass die Menschen wie schwarze Schatten wirken. Die Häuser scheinen in der Luft zu schweben, und unter ihnen, wie aus aufgesperrten Mäulern, quillt die gleißende Lichtflut hervor.

Eine stille Seitenstraße macht dagegen Eine Seitenstraße
einen dunkeln Eindruck. Schien dort an
den Häusern entlang ein Gang von Licht
sich hinzuziehen, so ist hier die Straße ganz
mit Dunkel erfüllt, und die seltenen Gaslaternen brennen wie in kleinen Käfigen, die sie
sich gleichsam in die Luft höhlen. Sie haben
einen unsicheren Lichtkranz um sich, aber der
reicht kaum einige Meter weit; darüber hinaus
wirken sie nur als Lichtpunkte, während die
starken Lichtquellen riesige Gewölbe in die
Luft höhlen, die ganz und gar von Licht erfüllt
sind. Und wenn wir in diese Lichtgewölbe ein-
treten, dann sind wir rings von Licht umspielt,
wir sind wie in einem Raum, den eine durch-
sichtige, aber doch deutlich empfundene
Wand abschließt. Besonders reizvoll wird es,
wenn man aus einem solchen Lichtraum die
fernen Lichter eines anderen wie durch einen
Schleier sieht. Sehr stark habe ich das einmal
in Dresden in der Schlossstraße empfunden.

Dort füllen viele rotbrennende Bogen- Die Schlossstraße in
Dresden
lampen die enge Straße ganz aus, sie boh-
ren sich ein Gewölbe, das bis zum dritten
Stocke reicht und vorwärts bis zum Altmarkt.
Der aber schimmert in bläulichen Lichtern,
und diese sieht man nur schwach wie eine leise Musik durch die rötlichen Wände, die einen

umgeben. Natürlich hängt das von der Atmosphäre ab. In stickigen, staubigen Nächten sind die Höhlungen kleiner, nach Regen und Wind wachsen sie oft überraschend ins Riesenhafte, ja scheinen beinahe zu verschwinden. Sehr hübsch ist es auch, wenn schwache Lichter dadurch an Bedeutung gewinnen, dass sie auf hohe Wandflächen ihre Lichtkegel werfen und dadurch große farbige Felder entstehen. So ist es bei der oben erwähnten romanischen Kirche, deren angrenzende Straßen alle Bogenlicht haben, nur der Platz um sie herum hat Gasglühlicht. Und nun schimmert der helle Kalkstein in einem leisen, trüben Grün, und die ganze Kirche scheint von einem dunklen Mantel umgeben und von den geschäftigen Straßen getrennt, während die Türme unsichtbar in der tief herabhängenden Nacht verschwinden.

Am Kanal Wieder andere Wirkungen entstehen an dem nur schwach beleuchteten Kanal, der von zwei Uferstraßen gesäumt ist, jede mit drei hohen Baumreihen bepflanzt. Die dichten Kronen hindern die Entfaltung des Lichtes vollständig. Die stillen Häuser erheben sich dunkel hinter den schattenden Wolken der Baumkronen. Die Gaslaternen wirken wie Lichtpunkte, zu denen sich die

wandernden der Droschken und Automobile
gesellen: ein feines, blinkendes Netz von Ster-
nen über die dunklen Massen gebreitet. Das
träge fließende, glatte Wasser ist ganz schwarz,
und dem Fußgänger schimmert von unten
das schweigende gespenstige Spiegelbild des
nächtlichen leisen Lebens oben entgegen. Und
herrlich ist es, wenn dann dem Weiterschrei-
tenden eine Biegung plötzlich die Trompeten-
fanfare der strahlend hell beleuchteten Potsdamer Brücke mit ihrem ungeheuren Leben
enthüllt.

Die Straße als lebendiges Wesen

Machen die Schleier der Luft, der Dämmerung und des künstlichen Lichtes aus den töricht öden Straßen schon seltsam phantastische Gebilde, Formen, an die der Bauende gar nicht dachte; werden aus den nüchternen kubischen Gradlinigkeiten durch Schatten und Schimmer reich bewegte, geschmeidige, großzügige Formen, so kommt durch Menschen und Fuhrwerk ein Element hinein, das aus den schweigenden Formen ein lebendiges Wesen macht, das erwacht, das sich betätigt, das müde wird, das anders ist am Alltag, anders an den Festtagen.

Im allgemeinen betrachtet man den Menschen gar nicht als Natur, eher im Gegenteil. Der moderne Moralprediger – er gehört meistens nicht einer Kirche an – ist nur zu gern bereit, den Menschen als böse von Jugend auf, als den Quell alles Unnatürlichen und aller Abscheulichkeit anzusehen. Daher geht der Philister, dem das Wissen mangelt, fremdes Leid, fremde Verfehlung zu begreifen, und dem das innere Glück abgeht, das stark genug zum Erbarmen macht – dem Pöbel ängstlich aus dem Weg und ruft von weitem nur, aus sicherer Ofenecke, seinen Fluch. Und doch kann man gerade in der großen Stadt die Menschen von einer Seite kennen lernen, die unendlich anziehend ist und die in kleineren Gemeinwesen notwendig verborgen bleibt. In diesem kennt jeder den anderen, der andere ist ihm ein begehrender, fordernder Mensch. Man muss reden, wenn man ihn trifft, muss grüßen, muss irgendeine Beziehung herstellen. In der großen Stadt geht man täglich an Hunderten, an Tausenden vorbei, fremd schweigend, wie an den Bäumen eines Waldes. Die Menschen sind nur Erscheinungen, sind Organisationen für sich, deren innerer Zusammenhang uns nicht berührt, deren Gestalt uns aber zugänglich ist wie die Formen der Berge und Bäume. Der Mensch als ein Stück Natur. Und dies Stück Natur so reizvoll, so anziehend, als irgendeins. Welche Fülle von Typen, von Abstufungen im Alter, in der Entwicklung, in der Durchbildung des Körpers und der Seele. Äußeres und Inneres sind ja nur dem Toren, dem Unwissenden getrennt, dem Sehenden gibt Gang und Haltung, Auge und Mund das ganze innere Leben, aber nicht in ermüdender Länge, in Form der endlosen äußeren Geschehnisse, die den Neugierigen so lebhaft reizen, sondern das ganze Leben vereinigt, seine eigentümliche Geschwindigkeit, seine Wärme, seine Spannung, seine Verzweigtheit, seine Verfeinerung, seine Schwungkraft und seine Stärke in eins vereinigt, unmittelbar dem Gefühl zugänglich. Es gibt kaum etwas Hübscheres, als schweigend in der Trambahn zu sitzen und die fremden Menschen nicht belauschend zu belauern, sondern betrachtend fühlend zu erleben, zu genießen. Wieviel Schönheit ist da zu finden, oft ganz leise, unmerklich, dem Unaufmerksamen verborgen in Alter, in Krankheit, in Trauer, in schweren Schmerzen, oft prachtvoll laut den Blindesten besiegend. Wunderliche Leute meinen, dass aller Schönheitsinn aus der Sinnlichkeit stamme. Aber das heißt die Sache auf den Kopf stellen. Die Sinnlichkeit weckt das Auge, aber je feiner der Mensch sieht, um so mehr entzücken ihn Formen, die seine Sinnlichkeit nie erregen würden. Und daher kommt es, was manche Ärzte nicht begreifen wollen, dass Künstler auch kranke Menschen um ihrer Schönheit willen darstellen können. Wie fein sind oft die kranken Farben der Großstadtkinder, wie bekommen ihre Züge manchmal gerade durch Not und Entbehrung wundervolle, strenge Schönheit. Und selbst Verworfenheit, Frechheit kann Schönheit, Kraft, ja Größe haben. Der naive Mensch sieht Schönheit nur dort, wo er begehrt. Der sehende auch dort, wo sein Begehren ihm nichts sagt. Darum vermag er noch auszuhalten, ungeheucheltes Interesse zu haben, zu genießen und zu geben, wo der »Gesunde«, der »Unverdorbene« vor Entsetzen davonläuft und mit lautem Zetergeschrei seiner Entrüstung Luft macht. Die Welt wäre in der Tat unerträglich ohne die Schönheit der Schwäche, des Alters und der Krankheit, und wer sie zu finden weiß, wird ohne Bangen in die ärmsten Gegenden gehen können.

Lustiger freilich ist es und leichter, in den reichen Vierteln durch die Straßen zu schlendern und dem bunten Gewimmel der Frauen zuzusehen. Die viel gescholtene Frauenmode ist ja beinahe die einzige Gestaltung, die heute lebendig und beweglich ist. Die Pedanten, die Mode für Torheit, eben ihres Vorübergehens wegen für sinnlos halten, versündigen sich am Leben. Denn Mode ist ja nur ein Symbol für das Leben selbst, das immer vergehend, wechselnd, verschwenderisch seine Gaben ausschüttet, ohne ängstlich zu berechnen, ob der Aufwand in einem räsonablen Verhältnis zum Erreichten steht. Die Natur verstreut überall tausend Samenkörner,Die Frau-
enkleider mag auch nur eins davon aufgehen, und eben diese Verschwendung an Gedanken, dies ewige Beginnen, der bunte Reichtum ist es, der die Mode so vergnüglich macht. Mit Recht schelten die Ärzte das Schnüren des Körpers, und jeder, der nackte Schönheit kennt, wird ihnen beistimmen. Viel helfen wird es freilich nicht, ehe nicht Luftbäder und gemeinsames Baden die Schönheit des Nackten enthüllen und wieder ersehnen lassen. Bis dahin aber werden die Reformer ganz andere Aufwendungen an Geschmack und Empfindung machen müssen, um ernstlich der üblichen Mode entgegentreten zu können. Die ist ihnen an Farbensinn, an Eleganz, an Reiz und Selbstverständlichkeit noch immer weit überlegen. Das einzige, was wir an Augenkultur in den letzten Jahren aufgenommen haben – Farbensinn – das macht sich auch hier erfreulich geltend. Und statt griesgrämig Entgleisungen zu tadeln, sollte man anerkennen, wieviel reizvoller die Stoffe geworden, wieviel feiner ihre Tönungen, wieviel weiter heute die Fähigkeit entwickelt ist, Farben zusammenzustellen; einander unterzuordnen und auf einige Punkte zuzuspitzen. Mögen die Spitzen und Stickereien, überhaupt das Detail, viel zu wünschen übriglassen, das Ganze ist oft reizend genug, gelungener jedenfalls

als die meisten der als Großtaten gepriesenen
modernen Zimmer, die auch nur farbig etwas
bedeuten, und bei denen die formale Armut, ja
Roheit naturgemäß sichtbarer und peinlicher
ist als an einer Toilette, der die Bewegungen
der Trägerin einen Reiz verleihen, der ohnehin
das Detail verwischt und vergessen lässt.

Aber ließe man diese Schönheit auch nicht gelten, so bliebe immer noch die Schönheit, die das Verweilen der Menschen auf der Straße erzeugt, ganz abgesehen von dem Einzelnen. Schon ein Mensch, ein bewegter Punkt genügt, um die ordentliche symmetrische Straße in ihrem Eindruck zu verschieben; sie bekommt gewissermaßen eine menschliche Achse, eine asymmetrische, der freie Raum wird durch den bewegten Körper geteilt, Entfernung und Größe bekommen einen neuen Sinn. Indem auf der flach hinlaufenden Ebene der Straße ein Mensch sich erhebt, bekommt diese Stelle im perspektivischen Bild eine besondere Betonung, sie wird gewissermaßen klarer in ihrer Raumlage; und da der Mensch eine bestimmte Durchschnittsgröße hat, die jedem gegenwärtig ist, so wird der Raum dadurch unmittelbar empfunden. Das flache Augenbild, das nur leise Verschiebungen der Tiefe nach in sich schließt, weitet sich nach hinten. (Die Tiefendimension wird nur annähernd, unbestimmt und schwankend gesehen, im Gegensatz zu den beiden anderen Dimensionen.) Der Mensch schafft durch seine Gestalt das, was der Architekt und der Maler den R a u m nennt, der ganz etwas anderes ist, als der mathematische oder gar der erkenntnistheoretische Raum ist. Der malerisch architektonische Raum ist Musik, ist Rhythmus, weil er unserem Sichausdehnen in bestimmtem Verhältnis entgegentritt, weil er im Wechsel uns freigibt, uns einschließt. Die Straße als architektonischer Raum ist heute noch ein elendes Produkt. Luft und Licht verbessern ihn, aber die gehenden Menschen teilen ihn neu, beleben ihn, weiten ihn, erfüllen die tote Straße mit der Musik rhythmisch wechselnden Raumlebens. Aber noch mehr: Da die Menschen ungleich die gleichartige Straße begehen, anders und andere am Morgen, die ins Geschäft eilen, anders die Frauen, die einkaufen, anders am Vormittag, anders am Abend, so scheiden die Straßen sich in stille, in laute, in hastig begangene, in schlendernd schauend beschrittene. Die Straßen bekommen ihr Stundenleben, sie bekommen gute Seiten und schlechte; es gibt Sonntagsstraßen und Straßen des Alltages, alle deutlich geschieden

durch Dichte, Hast und Art des Getümmels,
das heute grau und eilig und anderen Tages
bunt und behaglich erscheint.

Und das Gewoge der Fuhrwerke und Fuhrwerk
und Pferde
Pferde. Auch hier im einzelnen wunder-
schöne Formen, ein Traber, ein englisches
Reitpferd oder die schweren Lastpferde mit
den dicken Strümpfen. Die Gefährte freilich
erreichen nur selten jene scharfe geschmeidige
Schönheit, die wir an modernen Segelbooten
bewundern, die tadellose Linien, tadelloses
Material und tadellose Fügung voraussetzt.
Die Droschken von biederer Langeweile, die
Automobile noch unsicher in der Form, die
Geschäftsfuhrwerke oft wunderlich bunt und
bizarr. Man darf sie nicht im einzelnen betrachten, nicht als sachliche Form, aber sie
werden anziehend und hübsch im Bilde, wo
Verkürzung und Verschiebung seltsame neue
Gebilde entstehen lässt, wo die grellen Lack-
anstriche weicher werden in den Schleiern,
die alles überziehen. Besonders in der Dämmerung macht sich dies Zusammenschieben
und Ballen der Formen bemerkbar, die Schat-
tenwolken des Abends füllen die Formen aus.
Pferd und Droschke wird eins, sie scheinen
dem lebendigen Auge eine graue Masse mit
dunklen Schatten und blitzenden Glanzlich-

tern hie und da. Die Perspektive scheint ganz zu verschwinden, es gibt kein Vorn und Hinten mehr, das Ganze gleicht einem wandelnden nächtigen Berge, über dem gespenstig die roten, trüben Lichter der Laternen aufleuchten. Und so werden aus all den Gefährten wundersame lebendige Wesen: die riesigen gelben Kasten der Postkutschen, die wankenden, donnernden Gebäude der Automobilomnibusse und die gläsernen Schiffe der Trambahnen, die mit ihrem glänzend grünen Leib daherzugleiten scheinen, überraschend in den Kurven sich drehend, und beim Biegen in den großen Scheiben blitzende Lichter aufwerfend.

Sie alle schaffen mit am Raum der Straße und tragen zu ihrem Stundenleben bei. Sie dehnen die Straßen hinauf und hinunter, füllen den Platz zwischen den Fußsteigen, bedrängen, bedrohen im dichten Schwarme der großen Verkehrsadern, verlieren sich, versinken in den stilleren Straßen. Aber wohin sie kommen, bringen sie Bewegung, Lebendigkeit. Auch wo sie wartend stehen bleiben, geben sie der Straße ein neues ungewohntes Ansehen, das das Raumempfinden immer wieder leise verändert. Wunderhübsche Bilder entstehen dann oft. Ich erinnere mich besonders lebhaft eines solchen Anblickes.

Es war im heißen Sommer irgendwo im Norden an der Ringbahn, wo die Eisenbahnschienen auf den Brücken nicht mit Rücksicht auf die Ohren der Umwohner sorgfältig auf dämpfende Sandschüttung gebettet sind, sondern hart und klappernd auf der Konstruktion liegen. Unter einer solchen Brücke stand ein Wagen mit Holzbalken, zwei schwere Pferde davor, die müde die mächtigen Köpfe senkten. Sie standen ganz an einer Seite der Straße vor einer gelblichen Ziegelmauer und machten durch ihr Stehen die Unterführungsöffnung größer und weiter. Auf der anderen Seite standen, den Raum noch greifbarer zu machen, zwei Kinder. Draußen brütete die Sonne in stickigem Dunst, und die Helle schien wie mit einem durchsichtigen Mantel den Raum vorwärts und rückwärts abzuschließen, den bläuliche Schatten erfüllten. Aber in die schattige Kühle rieselten durch die Lücken der Eisenkonstruktion, wie durch Baumzweige, tausend vereinzelte Sonnenstrahlen über die staubige Straße, über die Kinder, über das gelbe Holz und über die schweigenden, riesigen Pferde.

Es ist das Leben des Raumes, was hier, wie in allen ähnlichen Fällen, zu Form und Farbe eine so starke, bedeutsame Unterlage gibt, und es ist schwer, davon eine klare Vorstellung zu geben. Wer an Architektur denkt, versteht darunter zunächst immer die Bauglieder, die Fassaden, die Säulen, die Ornamente, und doch kommt das alles nur in zweiter Linie. Das Wirksamste ist nicht die Form, sondern ihre Umkehrung, der Raum, das Leere, das sich rhythmisch zwischen den Mauern ausbreitet, von ihnen begrenzt wird, aber dessen Lebendigkeit wichtiger ist als die Mauern. Wer den Raum empfinden kann, seine Richtungen und seine Maße, wem diese Bewegungen des Leeren Musik bedeuten, dem ist der Zugang zu einer beinahe unbekannten Welt erschlossen, zur Welt des Architekten und zur Welt des Malers. Denn wie den Architekten das Spiel der Raumbewegung freut in den von ihm geschaffenen Wänden, so freut den Maler der verschlungene, mannigfacher geformte Raum, der in der Landschaft zwischen Berg und Wald, in der Stadt zwischen den Menschen und Wagen auf dem Grunde der Straßen sich bildet.

Vor dem Café Zu dem Erstaunlichsten gehört in dieser Hinsicht das Leben auf einem Platze.

Der unseligen romanischen Kirche gegenüber liegt ein Café mit einer Terrasse, auf der ich oft an Sommerabenden stundenlang gesessen habe und mich nicht müde sehen konnte an dem bunten Spiele der kommenden und gehenden Menschen. Der Platz ist töricht als Architektur, vielleicht noch schlimmer als Verkehrsanlage – wie wenn jemand die größtmögliche Zahl gefährlicher Übergänge hätte schaffen wollen – aber als Feld mit darüber verteilten Menschen ist er ganz einzig. Die Menschenströme der benachbarten Straßen lösen sich hier nach allen Richtungen auf, und der ganze Platz scheint bedeckt von vereinzelten Menschen. Jeder löst sich vom anderen. Zwischen ihnen breitet sich der Raum. In perspektivischer Verschiebung scheinen die entfernteren Gestalten immer kleiner, und man empfindet deutlich die weite Dehnung des Platzes. Alle Menschen sind frei voneinander, bald nahen sie sich zu größerer Dichte, bald lassen sie Lücken, fortwährend ist die Teilung des Raumes eine andere. Die Schreitenden schieben sich durcheinander, verdecken einander, lösen sich wieder ab, schreiten frei und allein, jeder aufrecht einen Platzteil betonend, verdeutlichend, und so wird der Raum zwischen ihnen ein fühlbares, ungeheures, lebendiges Wesen, was noch viel merkwürdiger wird, wenn Sonne jedem Fußgänger einen begleitenden Schatten, oder Regen ein blitzendes, unsicheres Spiegelbild unter die Füße

breitet. Und in diesem seltsamen Raumleben
entfaltet sich das Gewimmel der bunt gestri-
chenen Wagen, der farbigen Toiletten, alles
vereint, verhüllt, verschönt mit den Schleiern
des Tages und der Dämmerung.

Diese Dinge sind so gut wie nie gemalt worden, auf Bildern verschmelzen die Menschenmassen fast immer zu unförmigen Klumpen,
zwischen ihnen bleibt wohl nach vorn ein wenig freier Platz, aber zwischen ihnen ist kein
lebendiger Raum. Dazu müssten die Lufttö-
ne feiner und eindringlicher gesehen werden
als es meist geschieht. Ich entsinne mich nur
eines Bildes von Monet, das das Eigentümliche der Erscheinungen wiedergibt. An einem
Flussufer liegt ein großer Kahn, zu dem paral-
lel mehrere Laufbohlen vom Lande hinüber-
führen, und darüber schreiten lastentragende
Arbeiter. Das Hintereinander, die perspekti-
vische Verschiebung, das Kleinerwerden der
Figuren und ihr loses Voneinanderstehen, alles
kommt wundervoll zur Geltung.

Ganz Ähnliches sah ich einmal auf einem
Bau in einem großen Saale, der erst in
rohen Mauern und mit eisernen Trägern
überdeckt dastand, die Fenster gegen die Kälte
mit Brettern verschlagen, so dass innen über
dem Boden, der auch aus rhythmisch liegen-

den Eisenbalken bestand, ein Halbdunkel sich breitete. Da kam über einen von Bohlen gebildeten Weg langsam und schwer eine Arbeiterkolonne, jeder auf dem Rücken einen schweren braunen Sack voll Beton, und diese langsam schreitende Reihe gab dem öden, hohen Raum eine ganz unbegreifliche Feierlichkeit, die mich auf Momente alles um mich vergessen ließ, meine Arbeit und um dessentwillen ich gekommen war.

Ich bitte, hierbei nicht an Meunier zu denken. Es war nicht die Erhabenheit der Arbeit – oder wie die gespreizte Phrase heißen mag – die dies Bild so großartig machte. Meunier trug wie so viele Leute die Größe in den Arbeiter hinein, er heroisierte ihn, machte ihn griechisch, weil er seine wirkliche Schönheit nicht sah. Diese Arbeiter gingen nicht mit gespannten Muskeln, mit denen der Schauspieler Anstrengung und Kraft posiert, sondern behutsam vorsichtig schleppend, wie erfahrene Leute, die wissen, dass bis Feierabend lange Zeit ist und auch der Stärkste sparen muss, wenn seine Kräfte reichen sollen. Und eben diese langsame, eigentümliche Bewegung, die wir vom Theater her nicht kennen, hatte Schönheit und Reiz, sie erfüllte den Raum mit Feierlichkeit, die um so ungeheurer wirkte, da sie eine nie gesehene, nie in dieser Art empfundene war. Ich verweile bei diesem Punkte so lange, weil ich jedes Missverständnis ausschließen möchte, und weil ich niemals darüber etwas gelesen habe.

Diese Raum- und Bewegungswirkungen sind es, die vereint mit den Schleiern der Luft und des Lichtes aus der großen Stadt das unbegreiflich bunte Märchen machen, das man nie erschöpfen kann. Ich will aus der Fülle dessen, was mir die letzten Jahre boten, nur ein paar Bilder herausgreifen, die vielleicht einen Begriff von der Großartigkeit dieser Dinge zu geben vermögen.

Der Exerzierplatz

Bei Westend dehnt sich ein Exerzierplatz; ein tiefer Einschnitt der Ringbahn begrenzt ihn nach Süden, nach Norden liegen Villen in Gärten geborgen, von Osten nahen sich Mietskasernen – die bauliche »Erschließung« auch dieses Teiles beginnt und im Westen zieht ebenfalls jenseits eines Bahneinschnittes der Grunewald mit einer niedrigen Waldkante. An heiteren Sonntagnachmittagen ist das riesige Feld bedeckt von Menschen, breite Ströme von Fußwanderern ergießen sich von den Brücken, von den angrenzenden Straßen in dichten Scharen, aber das weite Feld verlockt sie gewissermaßen, die Massen lösen sich auf, verteilen sich, ein buntes Hin und Her entsteht. Mehrere Fußballspiele sind gleichzeitig in Gang. Die großen Spielfelder, durch Fähnchen bezeichnet, belebt von den bunten Flecken der Spielenden, scheinen winzig auf der ungeheuren Fläche. Die Unmenge der Zuschauenden reicht nicht aus feste Linien zu bilden. Alles ist lose, frei sich dehnend ins Unendliche. Ein siegendes Glücksgefühl breitet sich über alle Menschen. Der Einzelne verschwindet mit seinem Leid und Leben, das Leben der Gesamtheit wird deutlich greifbar, bekommt sichtbare Gestaltung. Es ist etwas Wundervolles, durch die Menschen zu gehen, nicht zu denken, nur die Menge zu empfinden. Aber das ist noch nicht das Seltsamste. Das Merkwürdigste von allem, stark, geheimnisvoll, unabwendlich wie das Schicksal ist der Boden, der diese Menge trägt. Er ist hellgrün mit großen braunen Flecken, die weithin dehnend sich perspektivisch verschieben und kleiner werdend in der Ferne die weite Ausbreitung fühlbar machen. Und dieser Boden ist leise und groß gewellt und der durchbrochene Teppich von Menschen ist es mit ihm. Sie alle, die spielen, laufen und schlendern, die hierhin, die dorthin wollen: Sie bilden, ohne es zu wissen und zu ahnen, eine wundervolle ungeheure Form, eine Form, dem

Boden entlehnt und dennoch merkwürdiger, eindrucksvoller wie der nackte Boden; bunt, reich bewegt, tausendfach sich kreuzend, aber in der Bewegung einem geheimen Gesetze bedingungslos sich beugend, dem Gesetze des Bodens. Natürlich meine ich das ohne alle naheliegenden literarischen Symbole. Nicht das ihm Ähnliche macht dieses Bild so unvergleichlich stark, sondern es selbst, so wie unsere Augen es auffangen. Und es ist ein Beweis, dass unsere Augen Dinge direkt erleben können, die man gewöhnlich nur gedanklich, poetisch erfassen zu können meint. Prachtvoll ist es noch, wenn dann im dämmernden Abend in die wirre Masse Schichtung und leise Ordnung kommt, wenn alles nach Hause zu den in die Stadt führenden Brücken drängt.

Die bunte Menge ist wie ein Wald, und für den, der stille ist, der sehen kann und sich hingeben, so erquickend und wundersam wie dieser. Ich bin manchmal in den heißesten Tagen, wenn die Wohlhabenden Berlin fliehen, wenn stickiger Dunst, die unbewegte heiße Luft den Aufenthalt im Zimmer schon kaum erträglich macht, Sonntags in die Stadt gegangen, unter die Linden, um den großen Heimzug der geputzten Menschen zu sehen. Dann ist das schöne Forum Friedrichs des Großen beinahe leer von Wagen, und die riesige helle Asphaltfläche liegt unbenützt sonntäglich da, beinahe wie die Steinplatten des Markusplatzes. Aber die Menschen betreten ihn selten, wie aus Alltagsscheu, und so breitet sich nur ein dünnes Menschennetz über die weite Fläche, und an den Seiten drängen sich die beiden bunten Ströme, sie füllen die leise am Fuße der Gebäude auftauchenden Abendschatten ganz aus, schwarze Hüte, helle Männeranzüge und der bunte Flitter der Frauen bilden ein dichtes, schimmerndes Band, das wie eine bunte Schlange aus dem Schutze der Häuser über die offenen hellen Nebenplätze gleitet. Das Ganze ist in wundervolles Licht getaucht; rötlicher Staub scheint alles einzuhüllen, der Himmel schimmert blaßblau hindurch, die langsam verblassenden Gebäude, nur noch hie und da von der Sonne getroffen, leuchten zart und eindringlich, ihre leise bewegten Gliederungen begrenzen und formen den weiten Raum. Weithin leuchten aus dunklem Grau einige Fenster des Schlosses in der Sonne auf, und darunter blitzt das grelle Gelb eines Postwagens.

Der Potsdamer Platz am Abend. Die beiden großen Lichtmasten mit den funkelnden, roten Bogenlampen höhlen in

die schwere, dicke Luft eine riesenhafte Spitz-
bogenkuppel. Klein und niedrig münden die
Nebenstraßen hinein, die sich dem Auge nicht
weit entfernt zu schließen scheinen. Besonders
niedrig ist die Potsdamer- und die Bellevuestra-
ße mit ihren Bäumen, die ein flaches Gewölbe
unter sich abgrenzen. Ihre vordersten Kronen
schimmern in grellem Lichte wie grüne Felsen
mit tausend Höhlungen, während die Riesen-
massen der Linden am Leipziger Platz dunkle,
schweigende, ferne Berge bilden. Der Kranz
der Häuser zeigt feine rötliche und violette
Töne. Auf dem Fußsteige wogen die Menschen, und auf dem hellen, trockenen Asphalt
drängen sich in ewiger Wiederkehr die Trambahnen und Wagen. Ihre Verdecke glitzern im
Licht, aber unten scheinen sie ganz in Dunkel
gehüllt, das die Blendung mit weißlichem Nebel überzieht. Manchmal wächst das Drängen
so außerordentlich, dass kaum ein Fleck frei
bleibt, und die über den Damm Kommenden
wie aus dem Meer, wie aus Wellen von Rädern
und Pferdebeinen aufzutauchen scheinen. Und
dann bleibt ein Gefährt ganz überraschend
dicht vor dem Zuschauenden stehen und wirkt
wie durch Zauber groß, deutlich greifbar, das
eben noch ein wirres, gespenstiges Etwas von
grauen und schwarzen Tönen schien. Plötzlich

verschwindet es wieder, ein Pferdekopf füllt riesig das Gesichtsfeld, seine Nüstern sind weit aufgerissen – das Tier atmet schwer mit arbeitenden Flanken – und das Profil des Kopfes erscheint dadurch edel wie bei einem antiken Bronzeross. Dann löst sich mit einemmal das Gewirr, das Stückchen Asphalt vor mir scheint sich ins Unendliche zu dehnen, an die Stelle der dunklen wirren Wagenburg tritt leuchtende Helle, die gleich darauf wieder von dem schwarzen Getümmel verschlungen wird. In dem scharfen, ungewohnten Lichte nehmen die Gefährte ganz phantastische Formen an; eine kurzgebaute Automobildroschke sieht wie eine riesenhafte Hummel aus, die dünnen Speichen der Kutschenräder – noch dünner durch ihre Schwärze – unter den massigen Kasten der Wagen erinnern an Spinnenbeine, die Laternen scheinen frei über den schwarzen Massen zu schweben. Und unter dem allem auf dem Boden breitet sich eine tolle Welt von Schatten, die in nie ermüdender Lebendigkeit spukhaft über die Fläche huschen.

Vor dem Brandenburger Tor an einem Herbstabend. Die Abendröte ist erloschen, und der Himmel ist ganz erfüllt von dieser rätselhaft eindringlichen Bläue nach der Dämmerung. Die kahl werdenden

Vor dem Brandenburger Tor

Bäume bilden leicht rötliche Massen. Zwei große Lichtmaste geben auch hier grellrotes Licht, das von den hohen Säulen des Tores widerstrahlt. Durch Öffnungen sieht man dunkel die Linden, kühl, bläulich beleuchtet, und über ihnen die heraufziehende Nacht. Nur einige Gesimsecken der kleinen Torgebäude, die über das Tor hinweg von dem roten Lichte getroffen werden, leuchten fremd und scharf aus dem bläulichen Bilde zwischen den Säulen hervor. Der weite Platz ist ganz von rötlichen Schleiern, die die Blendung schuf, umhüllt. Die Wagen, die die Einfahrt suchen, scheinen wie auf dem Meeresgrunde sich zu bewegen. Sie haben alle greifbare Wirklichkeit verloren. Sie scheinen aus Wolken, Schatten und Licht geformt. Und dazwischen endlose Scharen, die von allen Seiten aus dem Tiergarten zurückkehrend den Platz überschreiten. Wagengedränge und Menschen verschmelzen hier völlig. Der ganze Platz ist dicht gefüllt und scheint wie ein einheitliches Wesen. Nicht einmal die schwerfälligen Gebäude der Trambahnen können den Bann brechen, so gewaltig sind Licht und Luft, die alles umhüllen, alles verbinden, verschmelzen zu einem ruhelos bewegten Ungeheuer. Dabei scheint alles leise zu sein, trotz der tausend Schreie. Das

Licht übertönt die Geräusche, man beachtet
sie nicht. Was dem Ganzen aber etwas Ungeheures gibt, das sind die tags so abscheulichen
Marmorbalustraden und Mauern. Sie bilden
die Ufer dieses Lichtsees und an ihnen sitzen
und stehen, im Lichtnebel kaum kenntlich,
unzählige ruhende Menschen, eine schweigende, staunende, feierliche Versammlung.
Das weite Rund bekommt dadurch etwas
wahrhaft Majestätisches, eine Schönheit, groß
und erhaben, dem Edelsten ebenbürtig, von
einer Macht über die Seele wie nur das Stärkste, von dem uns die Vergangenheit Überlieferung gibt.

Das sind nur wenige Ausschnitte, nur skiz-
zenhaft gegeben. Ein Dichter sollte diese Welt
schildern, ein Dichter, der seine ganze Kraft
und Kunst daraus wenden kann, das ma-
lendste, bildsamste, anschaulichste Wort für
diese Wunder zu finden. Und Maler sollten es
malen, sie, die am ersten, am direktesten Form
und Farbe und Raum zu geben vermögen.
Noch ist das alles nicht gemalt. Noch gehen
unsere Maler – das heißt Maler in dem hier er-
örterten Sinn – ins Ausland, Motive zu finden.
Und es ist ja verständlich, dass der Lernende
dort zu begreifen sucht, wo die Lehrer gemalt
haben. Es ist ja auch nur menschlich, wenn

Landschaft und Menschen dort malerischer erscheinen, weil sie eben schon malerisch bezwungen sind. Ich kenne Holland nicht und habe das silberne Paris nie gesehen, kann also auch nicht vergleichen. Aber ich kenne französische Bilder genug und habe das Gefühl, dass bei uns andere und ebenbürtige Schönheiten der Entdeckung, der Bezwingung warten. Nur langes Studieren und Versuchen kann natürlich zum Ziele führen, nur Generationen von Malern werden einen Begriff von dem Umfange dieser Welt geben. Aber erst dann könnte es dahin kommen, dass die Schönheit der Stadt ein selbstverständliches Gut wird wie die Schönheit der Berge, der Ebene und der Seen, dass die Kinder im sicheren Besitze dieses Gutes aufwachsen, so wie wir auf gewachsen sind im sicheren Besitze landschaftlicher Schönheit. Und erst dann dürfen wir hoffen, dass auf diesem sicheren Fundament des sehenden Genießens die Kraft umfassenden Gestaltens erwachsen wird.